OBRAS ESCOGIDAS

COLECCIÓN AUSTRAL
N.º 326

SAN JUAN DE LA CRUZ

OBRAS ESCOGIDAS

EDICIÓN Y PRÓLOGO DE
IGNACIO B. ANZOÁTEGUI

UNDÉCIMA EDICIÓN

ESPASA-CALPE, S. A
MADRID

Ediciones especialmente preparadas para

COLECCIÓN AUSTRAL

Primera edición:	24 -	XII	- 1942
Segunda edición:	26 -	V	- 1945
Tercera edición:	4 -	X	- 1947
Cuarta edición:	17 -	II	- 1959
Quinta edición:	19 -	XI	- 1964
Sexta edición:	14 -	VI	- 1969
Séptima edición:	31 -	I	- 1974
Octava edición:	10 -	X	- 1977
Novena edición:	9 -	III	- 1979
Décima edición:	12 -	IV	- 1982
Undécima edición:	8 -	VI	- 1984

© *Espasa-Calpe, S. A., Madrid, 1942*

Depósito legal: M. 16.958—1984

ISBN 84—239—0326—5

Impreso en España
Printed in Spain

Acabado de imprimir el día 8 de junio de 1984

Talleres gráficos de la Editorial Espasa-Calpe, S. A.
Carretera de Irún, km. 12,200. Madrid-34

ÍNDICE

AVISOS Y SENTENCIAS ESPIRITUALES

CARTAS ESPIRITUALES

PRÓLOGO

Siempre fué costumbre de España dar santos y poetas y dar a poetas y a santos un paisaje español.

San Juan de la Cruz vive así en un paisaje —un paisaje de tierra, de aire y de cielo— que es enteramente suyo por derecho de nacimiento, de poesía y de bautismo. Vive en un paisaje y también lo vive. Lo sirve y también lo hace servir. Aspira a la gloria y alaba la penitencia, y la penitencia es gloria para él. De rodillas sobre la tierra, bendice a la tierra que le sustenta, para ganar de rodillas la bienaventuranza. Y el aire se llena de bendición, y por eso el aire es poesía, y por eso el santo es poeta. Porque si el poeta vive en la realidad del aire —que es toda una realidad—, el santo vive en la realidad del viaje entre el cielo y la tierra: en el desasosiego viajero que San Juan de la Cruz vivió como ninguno, porque fué santo viajero y poeta viajante entre la esperanza de la tierra y la seguridad del cielo.

La mística no es quietismo: es acecho. No es desesperación: es inquietud de asunción. El místico no se abandona a sí mismo: se abandona a Dios para que Dios lo asuma. Se niega, pero lo hace delante de Dios, y lo hace para acceder de una manera más perfecta a la única voluntad valedera. No reclama a Dios el reconocimiento de un derecho, pero sabe que Dios ha formulado al hombre una promesa.

Desde la tierra redimida, el místico emprende el viaje hacia el cielo prometido. Y el viaje no es la negación del punto de partida y del punto de llegada, sino precisamente la afirmación de uno y otro: la afirmación de que para llegar es necesario partir.

San Juan de la Cruz parte de tierra española y parte
españolamente, renunciando a todo menos a lo que no
se puede renunciar: a la manera de ser española, a esa
manera de ser que —de puro generosa— se juega el
alma contra Dios o a favor de Dios. Porque al español
le incomoda el alma, y por eso quiere morir. Se hace
bandido, no para robar, sino para ver si lo matan. O se
hace santo, no para vivir santamente, sino para aniqui-
larse. Ambos viven de viaje, apenas con lo puesto, en
fuga de sí mismos, vale decir, en plenitud de libertad.
Por eso España es la tierra de los bandidos exagerados
y de los santos exagerados; la de los pecados de Rai-
mundo Lulio, el mozo, y la de las virtudes de San Juan
de la Cruz. Porque España es tierra de aventura y punto de partida hacia la aventura del espacio abierto o
del mar desierto; hacia la conquista del cielo o hacia
la conquista de un mundo, siempre en expectación de
lo sobrenatural y siempre antiburguesa; siempre dis-
puesta al riesgo de rescatar el alma o de derramar la
sangre —la sangre, que para el español verdadero tiene
ritmo y movimiento del alma—. Por eso el santo español es español primero y después santo; por eso no
puede —ni quiere— renunciar a ser español. Es la única renuncia que él no puede hacer: porque necesita re-
servarse la capacidad suficiente para renunciarlo todo.
Por eso el español entiende y vive como ninguno la
mística: por lo que la mística tiene del supremo heroís-
mo de entregarse con los honores debidos al que se
entrega porque se le da la gana, sin más razón que el
amor; como se entrega la Amada en el Amante: des-
esperadamente.

Así se funden en España poesía y santidad. Así como
florece la rosa, así florece el alma en su aire; flor de la
tierra viajera que se entrega al riesgo del aire, enloque-
cida de santidad y de poesía.

IGNACIO B. ANZOÁTEGUI.

POESÍAS

CÁNTICO ESPIRITUAL

Canciones entre el Alma y el Esposo

ESPOSA

¿Adónde te escondiste,
Amado, y me dejaste con gemido?
Como el ciervo huíste,
habiéndome herido;
salí tras ti clamando, y ya eras ido.

Pastores los que fuerdes
allá por las majadas al otero:
si por ventura vierdes
aquel que yo más quiero,
decidle que adolezco, peno y muero.

Buscando mis amores,
iré por esos montes y riberas;
ni cogeré las flores,
ni temeré las fieras
y pasaré los fuertes y fronteras.

PREGUNTA A LAS CRIATURAS

¡Oh bosques y espesuras,
plantadas por la mano del Amado,

oh prado de verduras,
de flores esmaltado,
decid si por vosotros ha pasado!

RESPUESTA DE LAS CRIATURAS

Mil gracias derramando,
pasó por estos sotos con presura,
y, yéndolos mirando,
con sola su figura,
vestidos los dejó de su hermosura.

ESPOSA

¡Ay, quién podrá sanarme!
Acaba de entregarte ya de vero,
no quieras enviarme
de hoy más ya mensajero,
que no saben decirme lo que quiero.

Y todos cuantos vagan,
de ti me van mil gracias refiriendo,
y todos más me llagan,
y déjame muriendo
un no sé qué que quedan balbuciendo.

Mas ¿cómo perseveras,
¡oh vida!, no viviendo donde vives,
y haciendo por que mueras
las flechas que recibes
de lo que del Amado en ti concibes?

¿Por qué, pues has llagado
a aqueste corazón, no le sanaste?
  Y, pues me lo has robado,
  ¿por qué así lo dejaste
y no tomas el robo que robaste?

  Apaga mis enojos,
pues que ninguno basta a deshacellos,
  y véante mis ojos,
  pues eres lumbre de ellos,
y sólo para ti quiero tenellos.

  Descubre tu presencia
y máteme tu vista y hermosura:
  mira que la dolencia
  de amor, que no se cura
sino con la presencia y la figura.

  ¡Oh cristalina fuente,
si en esos tus semblantes plateados
  formases de repente
  los ojos deseados
que tengo en mis entrañas dibujados!

  Apártalos, Amado,
que voy de vuelo.

ESPOSO

    Vuélvete, paloma,
  que el ciervo vulnerado
  por el otero asoma
al aire de tu vuelo, y fresco toma.

Esposa

Mi Amado, las montañas,
los valles solitarios nemorosos,
    las ínsulas extrañas,
    los ríos sonorosos,
el silbo de los aires amorosos.

    La noche sosegada,
en par de los levantes de la aurora,
    la música callada,
    la soledad sonora,
la cena que recrea y enamora.

    Nuestro lecho florido,
de cuevas de leones enlazado,
    en púrpura teñido,
    de paz edificado,
de mil escudos de cro coronado.

    A zaga de tu huella,
las jóvenes discurren el camino
    al toque de centella,
    al adobado vino,
emisiones de bálsamo divino.

    En la interior bodega
de mi Amado bebí, y cuando salía
    por toda aquesta vega,
    ya cosa no sabía,
y el ganado perdí que antes seguía.

Allí me dió su pecho,
allí me enseñó ciencia muy sabrosa,
y yo le di de hecho
a mí, sin dejar cosa,
allí le prometí de ser su esposa.

Mi alma se ha empleado
y todo mi caudal en su servicio:
ya no guardo ganado
ni tengo ya otro oficio,
que ya sólo en amar es mi ejercicio.

Pues ya si en el ejido,
de hoy más no fuere vista ni hallada,
diréis que me he perdido,
que andando enamorada,
me hice perdidiza y fuí ganada.

De flores y esmeraldas,
en las frescas mañanas escogidas,
haremos las guirnaldas,
en tu amor florecidas,
y en un cabello mío entretejidas.

En solo aquel cabello,
que en mi cuello volar consideraste,
mirástele en mi cuello,
y en él preso quedaste,
y en uno de mis ojos te llagaste.

Cuando tú me mirabas
su gracia en mí tus ojos imprimían:

por eso me adamabas
y en eso merecían
los míos adorar lo que en ti vían.

No quieras despreciarme,
que si color moreno en mí hallaste,
ya bien puedes mirarme,
después que me miraste,
que gracia y hermosura en mí dejaste.

Cogednos las raposas,
que está ya florecida nuestra viña,
en tanto que de rosas
hacemos una piña,
y no parezca nadie en la montiña.

Deténte, cierzo muerto,
ven, austro, que recuerdas los amores,
aspira por mi huerto,
y corran sus olores,
y pacerá el Amado entre las flores.

ESPOSO

Entrádose ha la Esposa
en el ameno huerto deseado,
y a su sabor reposa,
el cuello reclinado
sobre los dulces brazos del Amado.

Debajo del manzano,
allí conmigo fuiste desposada,
allí te di la mano,

y fuiste reparada,
donde tu madre fuera violada.

A las aves ligeras,
leones, ciervos, gamos saltadores,
    montes, valles, riberas,
    aguas, nieves, ardores
y miedos de las noches veladores:

    por las amenas liras
y canto de serenas os conjuro
    que cesen vuestras iras,
    y no toquéis el muro,
porque la Esposa duerma más seguro.

ESPOSA

    ¡Oh ninfas de Judea,
en tanto que en las flores y rosales
    el ámbar perfumea,
    morá en los arrabales
y no queráis tocar nuestros umbrales!

    Escóndete, Carillo,
y mira con tu haz a las montañas,
    y no quieras decillo,
    mas mira las compañas
de los que van por ínsulas extrañas.

ESPOSO

    La blanca palomica
al arca con el ramo se ha tornado,

y ya la tortolica
al socio deseado
en las riberas verdes ha hallado.

En soledad vivía,
y en soledad ha puesto ya su nido,
y en soledad la guía
a solas su querido,
también en soledad de amor herido.

ESPOSA

Gocémonos, Amado,
y vámonos a ver en tu hermosura
al monte o al collado
do mana el agua pura,
entremos más adentro en la espesura.

Y luego a las subidas
cavernas de la piedra nos iremos,
que están bien escondidas,
y allí nos entraremos
y el mosto de granadas gustaremos.

Allí me mostrarías
aquello que mi alma pretendía,
y luego me darías
allí tú, vida mía,
aquello que me diste el otro día.

El aspirar del aire,
el canto de la dulce filomena,

el soto y su donaire,
en la noche serena,
con llama que consume y no da pena.

Que nadie lo miraba,
Aminadab tampoco parecía,
y el cerco sosegaba,
y la caballería
a vista de las aguas descendía.

CANCIÓN DE LA GLOSA SOBERANA

Del agua de la vida
mi alma tuvo sed insaciable.
Desea la salida
del cuerpo miserable
para beber de esta agua perdurable.

Está muy deseosa
de verse libre ya de esta cadena:
la vida le es penosa
cuando se halla ajena
de aquella dulce patria tan amena.

El mal presente aumenta
la memoria de tanto bien perdido,
el corazón revienta
con gran dolor herido
por verse de su Dios desposeído.

Dichosa y venturosa
el alma que a su Dios tiene presente.

¡Oh mil veces dichosa,
pues bebe de una fuente
que no se ha de agotar eternamente!

¡Oh patria verdadera,
descanso de las almas que en ti moran,
consolación entera
adonde ya no lloran
los justos, mas con gozo a Dios adoran!

La vida temporal
contigo, ¡oh vida eterna!, comparada,
es tanto desigual,
que puede ser llamada,
no vida, sino muerte muy pesada.

¡Oh vida breve y dura,
quién se viese de ti ya despojado!
¡Oh estrecha sepultura,
cuándo seré sacado
de ti para mi Esposo deseado!

¡Oh Dios, y quién se viese
en vuestro santo amor todo abrasado!
¡Ay de mí! ¡Quién pudiese
dejar esto creado
y en gloria ser con Vos ya transformado!

¡Oh cuándo, amor, oh cuándo,
cuándo tengo de verme en tanta gloria!
¿Cuándo será este cuándo?

¿Cuándo de aquesta escoria
saliendo alcanzaré tan gran victoria?

¿Cuándo me veré unido
a Ti, mi buen Jesús, de amor tan fuerte
que no baste el ladrido
del mundo, carne o muerte,
ni del demonio, a echarme de esta suerte?

¿Cuándo, mi Dios, del fuego
de vuestro dulce amor seré encendido?
¿Cuándo he de entrar en juego?
¿Cuándo he de ser metido
en el horno de amor, y consumido?

¡Oh, quién se viese presto
de este amoroso amor arrebatado!
¿Cuándo me veré puesto
en tan dichoso estado
para no ser de allí jamás mudado?

Dios mío y mi bien todo,
mi gloria y mi descanso y mi consuelo,
sacadme de este lodo
y miserable suelo
para morar con Vos allí en el cielo.

Unidme a Vos, Dios mío,
apartando de mí lo que esto impide,
quitadme aqueste frío
que a vuestro amor despide,
el cual en os amar tan corto mide.

¡Oh si tu amor ardiese
tanto que mis entrañas abrasase!
    ¡Oh si me derritiese!
    ¡Oh si ya me quemase
y amor mi cuerpo y alma desatase!

    Abrid, Señor, la puerta
de vuestro amor a aqueste miserable,
    dad ya esperanza cierta
    del amor perdurable
a aqueste gusanillo deleznable.

    No tardes en amarme
y en hacer que te ame fuertemente,
    no tardes en mirarme,
    ¡oh Dios omnipotente!,
pues me tienes a mí siempre presente.

    Tú mandas que te llame
y aquí estoy con suspiros ya llamando,
    Tú mandas que te ame:
    ya lo estoy deseando,
mas, Señor mío, Tú, ¿hasta cuándo, cuándo?

    ¿Cuándo has de responder
y darme aqueste amor que estoy pidiendo?
    Vuelve, Señor, a verme:
    mira que estoy muriendo
y parece que vas de mí huyendo.

    Ea, Señor eterno,
dulzura de mi alma y gloria mía,

ea, bien sempiterno,
ea, sereno día,
tu luz, tu amor, tu gracia presto envía.

Por Ti suspiraré
en tanto que duraren mis prisiones;
nunca descansaré
de echar mis peticiones
hasta que a Ti me lleves y corones.

De Ti si me olvidare,
mi Dios, mi dulce amor, mi enamorado,
en el olvido pare
sin que haya en lo creado
quien de mí, triste, tenga algún cuidado.

CANCIONES DEL ALMA QUE SE DUELE QUE NO PUEDE AMAR A DIOS TANTO COMO DESEA

Si de mi baja suerte
las llamas del amor tan fuertes fuesen
que absorbiesen la muerte
y tanto más creciesen
que las aguas del mar también ardiesen,

y si de ahí pasasen
tanto que las tres máquinas hinchesen
y así las abrasasen

que en sí las convirtiesen
y todas ellas llamas de amor fuesen,

no pienso que podría,
según la viva sed de amor que siento,
amar como querría,
ni las llamas que cuento
satisfacer mi sed por un momento.

Porque ellas, comparadas
con aquel fuego eterno sin segundo,
no son más abultadas
que un átomo en el mundo
o que una sola gota en el profundo.

Mi corazón de cieno,
que no sufre calor ni permanece
más que la flor del heno,
que luego que florece,
el aire la marchita y desfallece,

¿cómo jamás podría
arder tanto que suban sus vislumbres,
según él lo quería,
hasta las altas cumbres
de aquel eterno Padre de las lumbres?

¡Oh mísero partido
donde el amor tan cortos vuelos cría,
qué vuelo tan subido
no sólo no hacía
como aquel sumo amor lo merecía!

Mas antes, en aquellas
fuerzas de su volar tan limitadas,
está tan falto de ellas,
las plumas abajadas,
que apenas alza vuelos de asomadas.

¡Oh si mi bajo vuelo
tal fuese que mis llamas levantase
siquiera hasta el cielo
y allí las presentase
delante de mi Dios y las mirase!

Que de su eterno fuego,
con ímpetus y ardientes embestidas,
serían absortas luego,
absortas y embebidas,
y ya en eterno fuego convertidas,

el cual, en sí morando
y en sí sus mismas llamas convirtiendo,
en su amor se abrasando,
las mías encendiendo,
haría estar del mismo amor ardiendo.

Así se hartaría
la profunda codicia de mi pecho,
porque allí se vería
absorto y ya deshecho,
con nudo bien estrecho y satisfecho.

LLAMA DE AMOR VIVA

Canciones

¡Oh llama de amor viva
que tiernamente hieres
de mi alma en el más profundo centro!
Pues ya no eres esquiva,
acaba ya si quieres,
rompe la tela deste dulce encuentro.

¡Oh cauterio suave!,
¡oh regalada llaga!,
¡oh mano blanda!, ¡oh toque delicado,
que a vida eterna sabe,
y a toda deuda paga!
Matando, muerte en vida la has trocado.

¡Oh lámparas de fuego,
en cuyos resplandores,
las profundas cavernas del sentido,
que estaba oscuro y ciego,
con extraños primores,
calor y luz dan junto a su querido!

¡Cuán manso y amoroso
recuerdas en mi seno,
donde secretamente solo moras:
y en tu aspirar sabroso,
de bien y gloria lleno,
cuán delicadamente me enamoras!

SUBIDA DEL MONTE CARMELO

Canciones en que canta el alma la dichosa ventura que tuvo en pasar por la oscura noche de la fe, en desnudez y purgación suya, a la unión del Amado

LA NOCHE OSCURA

En una noche oscura,
con ansias en amores inflamada,
¡oh dichosa ventura!,
salí sin ser notada,
estando ya mi casa sosegada.

A escuras y segura,
por la secreta escala, disfrazada,
¡oh dichosa ventura!,
a escuras y en celada,
estando ya mi casa sosegada.

En la noche dichosa,
en secreto, que nadie me veía,
ni yo miraba cosa,
sin otra luz ni guía,
sino la que en el corazón ardía.

Aquésta me guiaba
más cierto que la luz del mediodía,
a donde me esperaba
quien yo bien me sabía,
en parte donde nadie parecía.

¡Oh noche que guiaste,
oh noche, amable más que el alborada,
oh noche que juntaste
amado con amada,
amada en el amado transformada!

En mi pecho florido,
que entero para él solo se guardaba,
allí quedó dormido,
y yo le regalaba,
y el ventalle de cedros aire daba.

El aire del almena,
cuando yo sus cabellos esparcía,
con su mano serena
en mi cuello hería,
y todos mis sentidos suspendía.

Quedéme, y olvidéme,
el rostro recliné sobre el Amado,
cesó todo y dejéme,
dejando mi cuidado
entre las azucenas olvidado.

COPLAS DEL ALMA QUE PENA
POR VER A DIOS

Vivo sin vivir en mí,
y de tal manera espero,
que muero porque no muero.

En mí yo no vivo ya,
y sin Dios vivir no puedo,
pues sin Él y sin mí quedo,
este vivir, ¿qué será?
Mil muertes se me hará,
pues mi misma vida espero,
muriendo porque no muero.

Esta vida que yo vivo
es privación de vivir,
y así es continuo morir
hasta que viva contigo,
oye, mi Dios, lo que digo,
que esta vida no la quiero,
que muero porque no muero.

Estando absente de Ti,
¿qué vida puedo tener,
sino muerte padescer,
la mayor que nunca vi?
Lástima tengo de mí,
pues de suerte persevero,
que muero porque no muero.

El pez que del agua sale,
aun de alivio no caresce,
que la muerte que padesce,
al fin la muerte le vale,
¿qué muerte habrá que se iguale
a mi vivir lastimero,
pues si más vivo más muero?

Cuando me empiezo a aliviar
de verte en el Sacramento,
háceme más sentimiento
el no te poder gozar,
todo es para más penar,
por no verte como quiero,
y muero porque no muero.

Y si me gozo, Señor,
con esperanza de verte,
en ver que puedo perderte,
se me dobla mi dolor,
viviendo en tanto pavor,
y esperando como espero,
muérome porque no muero.

Sácame de aquesta muerte,
mi Dios, y dame la vida,
no me tengas impedida
en este lazo tan fuerte,
mira que muero por verte,
y mi mal es tan entero,
que muero porque no muero.

Lloraré mi muerte ya
y lamentaré mi vida
en tanto que detenida
por mis pecados está.
¡Oh mi Dios!, ¿cuándo será
cuando yo diga de vero:
"Vivo ya porque no muero"?

COPLAS SOBRE UN ÉXTASIS DE ALTA CONTEMPLACIÓN

Entréme donde no supe
y quedéme no sabiendo,
toda ciencia transcendiendo.

Yo no supe dónde entraba,
pero cuando allí me vi,
sin saber dónde me estaba,
grandes cosas entendí,
no diré lo que sentí,
que me quedé no sabiendo,
toda ciencia transcendiendo.

De paz y de piedad
era la ciencia perfecta,
en profunda soledad,
entendida vía recta,
era cosa tan secreta,
que me quedé balbuciendo,
toda ciencia transcendiendo.

Estaba tan embebido,
tan absorto y ajenado,
que se quedó mi sentido
de todo sentir privado,
y el espíritu dotado
de un entender no entendiendo,
toda ciencia transcendiendo.

    El que allí llega de vero,
de sí mismo desfallesce:
cuanto sabía primero
mucho bajo le paresce,
y su ciencia tanto cresce,
que se queda no sabiendo,
toda ciencia transcendiendo.

    Cuanto más alto se sube,
tanto menos entendía
qué es la tenebrosa nube
que a la noche esclarecía,
por eso quien la sabía
queda siempre no sabiendo,
toda ciencia transcendiendo.

    Este saber no sabiendo
es de tan alto poder,
que los sabios arguyendo
jamás le pueden vencer,
que no llega su saber
a no entender entendiendo,
toda ciencia transcendiendo.

    Y es de tan alta excelencia
aqueste sumo saber,
que no hay facultad ni ciencia
que le puedan emprender,
quien se supiere vencer
con un no saber sabiendo,
irá siempre transcendiendo.

Y si lo queréis oír,
consiste esta suma ciencia
en un subido sentir
de la divinal Esencia,
es obra de su clemencia
hacer quedar no entendiendo,
toda ciencia transcendiendo.

OTRAS COPLAS AL MISMO INVENTO

Tras de un amoroso lance,
y no de esperanza falto,
volé tan alto, tan alto,
que le di a la caza alcance.

Para que yo alcance diese
a aqueste lance divino,
tanto volar me convino,
que de vista me perdiese,
y con todo, en este trance,
en el vuelo quedé falto,
mas el amor fué tan alto,
que le di a la caza alcance.

Cuando más alto subía,
deslumbróseme la vista,
y la más fuerte conquista
en oscuro se hacía,
mas por ser de amor el lance,
di un ciego y oscuro salto,
y fuí tan alto, tan alto,
que le di a la caza alcance.

Cuanto más alto llegaba
de este lance tan subido,
tanto más bajo y rendido
y abatido me hallaba.
Dije: "No habrá quien lo alcance",
y abatíme tanto, tanto,
que fuí tan alto, tan alto,
que le di a la caza alcance.

Por una extraña manera,
mil vuelos pasé de un vuelo,
porque esperanza del cielo
tanto alcanza cuanto espera,
esperé sólo este lance,
y en esperar no fuí falto,
pues fuí tan alto, tan alto,
que le di a la caza alcance.

GLOSA A LO DIVINO

Sin arrimo y con arrimo,
sin luz y a oscuras viviendo,
todo me voy consumiendo.

Mi alma está desasida
de toda cosa criada,
y sobre sí levantada,
y en una sabrosa vida,
sólo en su Dios arrimada,
por eso ya se dirá,
la cosa que más estimo,

que mi alma se ve ya
sin arrimo y con arrimo.

Y aunque tinieblas padezco
en esta vida mortal,
no es tan crecido mi mal,
porque, si de luz carezco,
tengo vida celestial,
porque el amor de tal vida,
cuando más ciego va siendo,
que tiene el alma rendida,
sin luz y a oscuras viviendo.

Hace tal obra el amor
después que le conocí,
que, si hay bien o mal en mí,
todo lo hace de un sabor,
y al alma transforma en sí,
y así en su llama sabrosa,
la cual en mí estoy sintiendo,
apriesa, sin quedar cosa,
todo me voy consumiendo.

OTRA GLOSA A LO DIVINO

Por toda la hermosura
nunca yo me perderé,
sino por un no sé qué
que se alcanza por ventura.

Sabor de bien que es finito,
lo más que puede llegar

es cansar el apetito
y estragar el paladar,
y así, por toda dulzura
nunca yo me perderé,
sino por un no sé qué
que se halla por ventura.

El corazón generoso
nunca cura de parar
donde se puede pasar,
sino en más dificultoso;
nada le causa hartura,
y sube tanto su fe,
que gusta de un no sé qué
que se halla por ventura.

El que de amor adolesce,
del divino Ser tocado,
tiene el gusto tan trocado,
que a los gustos desfallesce,
como al que con calentura
fastidia el manjar que ve,
y apetece un no sé qué
que se halla por ventura.

No os maravilléis de aquesto,
que el gusto se quede tal,
porque es la causa del mal
ajena de todo el resto;
y así, toda criatura
enajenada se ve.

y gusta de un no sé qué
que se halla por ventura.

Que estando la voluntad
de divinidad tocada,
no puede quedar pagada
sino con divinidad,
mas por ser tal su hermosura,
que sólo se ve por fe,
gústala en un no sé qué
que se halla por ventura.

Pues de tal enamorado,
decidme si habréis dolor,
pues que no tiene sabor
entre todo lo criado,
solo, sin forma y figura,
sin hallar arrimo y pie,
gustando allá un no sé qué
que se halla por ventura.

No penséis que el interior,
que es de mucha más valía,
halla gozo y alegría
en lo que acá da sabor,
mas sobre toda hermosura
y lo que es, y será y fué,
gusta de allá un no sé qué
que se halla por ventura.

Más emplea su cuidado,
quien se quiere aventajar,

en lo que está por ganar
que en lo que tiene ganado,
y así, para más altura,
yo siempre me inclinaré,
sobre todo a un no sé qué
que se halla por ventura.

Por lo que por el sentido
puede acá comprehenderse,
y todo lo que entenderse,
aunque sea muy subido,
ni por gracia y hermosura,
yo nunca me perderé,
sino por un no sé qué
que se halla por ventura.

ROMANCE I

Sobre el Evangelio "In principio erat Verbum" de la Santísima Trinidad

En el principio moraba
el Verbo, y en Dios vivía,
en quien su felicidad
infinita poseía.

El mismo Verbo Dios era,
que el principio se decía,
Él moraba en el principio,
y principio no tenía.

Él era el mesmo principio,
por eso de él carecía,
el Verbo se llama Hijo,
que del principio nacía.

Hale siempre concebido
y siempre le concebía,
dale siempre su sustancia,
y siempre se la tenía.

Y así, la gloria del Hijo
es la que en el Padre había,
y toda su gloria el Padre
en el Hijo poseía.

Como amado en el amante,
uno en otro residía,
y aquese amor que los une
en lo mismo convenía.

Con el uno y con el otro
en igualdad y valía,
tres personas y un amado
entre todos tres había.

Y un amor en todas ellas
un amante las hacía,
y el amante es el amado
en que cada cual vivía,

que el ser que las tres poseen,
cada cual le poseía,

y cada cual de ellas ama
a la que este ser tenía.

Este ser es cada una,
y éste solo las unía
en un inefable nudo
que decir no se sabía.

Por lo cual era infinito
el amor que las unía,
porque un solo amor tres tienen,
que su esencia se decía,

que el amor, cuanto más uno,
tanto más amor hacía.

ROMANCE II

De la comunicación de las Tres Personas

En aquel amor inmenso
que de los dos procedía,
palabras de gran regalo,
el Padre al Hijo decía.

De tan profundo deleite,
que nadie las entendía,
sólo el Hijo lo gozaba,
que es a quien pertenecía.

Pero aquello que se entiende,
de esta manera decía:

"Nada me contenta, Hijo,
fuera de tu compañía.

"Y si algo me contenta
en Ti mismo lo quería;
el que a Ti más se parece,
a Mí más satisfacía.

"Y el que nada te semeja,
en Mí nada hallaría;
en Ti sólo me he agradado,
¡oh vida de vida mía!

"Eres lumbre de mi lumbre,
eres mi sabiduría,
figura de mi sustancia,
en quien bien me complacía.

"Al que a Ti te amare, Hijo,
a Mí mismo le daría,
y el amor que Yo en Ti tengo,
ese mismo en él pondría,
en razón de haber amado
a quien Yo tanto quería."

ROMANCE III

De la creación

"Una esposa que te ame,
mi Hijo, darte quería,
que por tu valor merezca
tener nuestra compañía.

"Y comer pan a una mesa,
del mismo que Yo comía,
porque conozca los bienes
que en tal Hijo Yo tenía,

"y se congracie conmigo
de tu gracia y lozanía."
"Mucho lo agradezco, Padre",
el Hijo le respondía,

"A la esposa que me dieres,
Yo mi claridad daría,
para que por ella vea
cuánto mi Padre valía,
y cómo el ser que poseo,
de su ser le recibía.
"Reclinarla he Yo en mi brazo,
y en tu amor se abrasaría
y con eterno deleite
tu bondad sublimaría."

ROMANCE IV

Prosigue la misma materia

"Hágase, pues, dijo el Padre,
que tu amor lo merecía."
Y en este dicho que dijo,
el mundo creado había.

Palacio para la esposa,
hecho en gran sabiduría,

el cual, en dos aposentos,
alto y bajo, dividía.

El bajo de diferencias
infinitas componía,
mas el alto hermoseaba
de admirable pedrería.

Porque conozca la esposa
el Esposo que tenía,
en el alto colocaba
la angélica jerarquía,

Pero la natura humana
en el bajo la ponía,
por ser en su ser compuesta
algo de menor valía.

Y aunque el ser y los lugares
de esta suerte los partía,
pero todos son un cuerpo
de la esposa que decía:

Que el amor de un mismo Esposo
una esposa los hacía:
los de arriba poseían
al Esposo en alegría;

los de abajo en esperanza
de fe que les infundía,
diciéndoles que algún tiempo
Él los engrandecería.

Y que aquella su bajeza
Él se la levantaría,
de manera que ninguno
ya la vituperaría,

porque en todo semejante
Él a ellos se haría,
y se vendría con ellos,
y con ellos moraría.

Y que Dios sería hombre,
y que el hombre Dios sería,
y trataría con ellos,
comería y bebería.

Y que con ellos continuo
Él mismo se quedaría,
hasta que se consumase
este siglo que corría,

cuando se gozaran juntos
en eterna melodía;
porque Él era la cabeza
de la esposa que tenía,

a la cual todos los miembros
de los justos juntaría,
que son cuerpo de la esposa,
a la cual Él tomaría

en sus brazos tiernamente,
y allí su amor le daría,

y que así, juntos en uno
al Padre la llevaría,

donde del mismo deleite
que Dios goza, gozaría,
que, como el Padre y el Hijo,
y el que de ellos procedía,

el uno vive en el otro,
así la esposa sería,
que dentro de Dios absorta,
vida de Dios viviría.

ROMANCE V

De los deseos de los Santos Padres

Con esta buena esperanza
que de arriba les venía,
el tedio de sus trabajos
más leve se les hacía,

pero la esperanza larga
y el deseo que crecía
de gozarle con su Esposo,
continuo les afligía.

Por lo cual, con oraciones,
con suspiros y agonía,
con lágrimas y gemidos,
le rogaban noche y día.

Que ya se determinase
a les dar su compañía.
Unos decían: "¡Oh si fuese
en mi tiempo el alegría!"

Otros: "Acaba, Señor,
al que has de enviar, envía."
Otros: "¡Oh si ya rompieses
esos cielos, y vería

"con mis ojos, que bajases,
y mi llanto cesaría,
regad, nubes de lo alto,
que la tierra lo pedía,

"y ábrase ya la tierra,
que espinas nos producía,
y produzca aquella flor
con que ella florecería!"

Otros dicen: "¡Oh dichoso
el que en tal tiempo sería,
que merezca ver a Dios
con los ojos que tenía,

"y tratarle con sus manos,
y andar en su compañía,
y gozar de los misterios
que entonces ordenaría!"

ROMANCE VI

Prosigue la misma materia

En aquestos y otros ruegos
gran tiempo pasado había,
pero en los postreros años
el fervor mucho crecía,

cuando el viejo Simeón
en deseo se encendía,
rogando a Dios que quisiese
dejalle ver este día.

Y así, el Espíritu Santo
al buen viejo respondía
que le daba su palabra
que la muerte no vería

hasta que la vida viese,
que de arriba descendía,
y que él en sus mismas manos
al mismo Dios tomaría,
y lo tendría en sus brazos,
y consigo abrazaría.

ROMANCE VII

De la Encarnación

Ya que el tiempo era llegado
en que hacerse convenía

el rescate de la esposa
que en duro yugo servía,

debajo de aquella ley
que Moisés dado le había,
el Padre con amor tierno
de esta manera decía:

"Ya ves, Hijo, que a tu esposa
a tu imagen hecho había,
y en lo que a Ti se parece
contigo bien convenía.

"Pero difiere en la carne,
que en tu simple ser no había,
en los amores perfectos
esta ley se requería,

"que se haga semejante
el amante a quien quería,
que la mayor semejanza
más deleite contenía.

"El cual sin duda en tu esposa
grandemente crecería
si te viere semejante
en la carne que tenía."

"Mi voluntad es la tuya
—el Hijo le respondía—,
y la gloria que Yo tengo
es tu voluntad ser mía.

"Y a Mí me conviene, Padre,
lo que a Tu Alteza decía,
porque por esta manera
tu bondad más se vería.

"Veráse su gran potencia,
justicia y sabiduría.
Irélo a decir al mundo
y noticia le daría
de tu belleza y dulzura
y de tu soberanía.

"Iré a buscar a mi esposa
y sobre Mí tomaría
sus fatigas y trabajos,
en que tanto padescía.

"Y porque ella vida tenga,
yo por ella moriría,
y sacándola del lago,
a Ti te la volvería."

ROMANCE VIII

Prosigue la misma materia

Entonces llamó a un arcángel
que San Gabriel se decía,
y envióle a una doncella
que se llamaba María,

de cuyo consentimiento
el misterio se hacía,
en la cual la Trinidad
de carne al Verbo vestía.

Y aunque tres hacen la obra,
en el uno se hacía;
y quedó el Verbo encarnado
en el vientre de María.

Y el que tenía sólo Padre,
ya también Madre tenía,
aunque no como cualquiera
que de varón concebía,
que de las entrañas de ella
Él su carne recibía,
por lo cual Hijo de Dios
y del hombre se decía.

ROMANCE IX

Del Nacimiento

Ya que era llegado el tiempo
en que de nacer había,
así como desposado
de su tálamo salía,

abrazado con su esposa,
que en sus brazos la traía,
al cual la graciosa Madre
en su pesebre ponía,

entre unos animales
que a la sazón allí había:
los hombres decían cantares,
los ángeles melodía,

festejando el desposorio
que entre tales dos había,
pero Dios en el pesebre
allí lloraba y gemía,

que eran joyas que la esposa
al desposorio traía,
y la Madre estaba en pasmo
de que tal trueque veía:

el llanto del hombre en Dios,
y en el hombre la alegría,
lo cual del uno y del otro
tan ajeno ser solía.

ROMANCE X

Sobre el salmo "Super flumina Babilonis"

Encima de las corrientes,
que en Babilonia hallaba,
allí me senté llorando,
allí la tierra regaba.

Acordándome de ti,
¡oh Sión!, a quien amaba,

era dulce tu memoria,
y con ella más lloraba.

Dejé los trajes de fiesta,
los de trabajo tomaba,
y colgué en los verdes sauces
la música que llevaba,

poniéndola en esperanza
de aquello que en ti esperaba,
allí me hirió el amor,
y el corazón me sacaba.

Díjele que me matase,
pues de tal suerte llagaba:
yo me metía en su fuego,
sabiendo que me abrasaba,

desculpando el avecica
que en el fuego se acababa,
estábame en mí muriendo
y en ti sólo respiraba.

En mí por ti me moría,
y por ti resucitaba,
que la memoria de ti
daba vida y la quitaba.

Gozábanse los extraños
entre quien cautivo estaba,
preguntábanme cantares
de lo que en Sión cantaba:

"Canta de Sión un himno,
veamos cómo sonaba."
Decid: ¿cómo en tierra ajena,
donde por Sión lloraba,

cantaré yo la alegría
que en Sión se me quedaba?
Echaríala en olvido
si en la ajena me gozaba.

Con mi paladar se junte
la lengua con que hablaba,
si de ti yo me olvidare,
en la tierra do moraba.

Sión, por los verdes ramos
que Babilonia me daba,
de mí se olvide mi diestra,
que es lo que en ti más amaba,

si de ti no me acordare,
en lo que más me gozaba,
y si yo tuviere fiesta,
y sin ti la festejaba.

¡Oh hija de Babilonia,
mísera y desventurada!
Bienaventurado era
aquel en quien confiaba,
que te ha de dar el castigo
que de tu mano llevaba.

Y juntará sus pequeños,
y a mí, porque en ti lloraba,
a la piedra que era Cristo,
por el cual yo te dejaba.

CANCIÓN DE CRISTO Y EL ALMA

Un pastorcico solo está penado,
ajeno de placer y de contento,
y en su pastora firme el pensamiento,
y el pecho del amor muy lastimado.

No llora por haberle amor llagado,
que no le pena en verse así afligido,
aunque en el corazón está herido,
mas llora por pensar que está olvidado.

Que sólo de pensar que está olvidado
de su bella pastora, con gran pena
se deja maltratar en tierra ajena,
el pecho del amor muy lastimado.

Y dice el pastorcico: "¡Ay desdichado
de aquel que de mi amor ha hecho ausencia,
y no quiere gozar de mi presencia,
y el pecho por su amor muy lastimado!"

Y al cabo de un gran rato se ha encumbrado
sobre un árbol do abrió sus brazos bellos,
y muerto se ha quedado, asido de ellos,
el pecho del amor muy lastimado.

CANTAR DEL ALMA QUE SE GOZA
DE CONOCER A DIOS POR FE

Que bien sé yo la fonte
que mana y corre,
      aunque es de noche.

Aquella eterna fonte está ascondida,
que bien sé yo dó tiene su manida,
      aunque es de noche.

Su origen no lo sé, pues no lo tiene,
mas sé que todo origen de ella viene,
      aunque es de noche.

Sé que no puede ser cosa tan bella,
y que cielos y tierra beben de ella,
      aunque es de noche.

Bien sé que suelo en ella no se halla,
y que ninguno puede vadealla,
      aunque es de noche.

Su claridad nunca es escurecida,
y sé que toda luz de ella es venida,
      aunque es de noche.

Sé ser tan caudalosas sus corrientes,
que infiernos, cielos riegan, y las gentes,
      aunque es de noche.

El corriente que nace de esta fuente,
bien sé que es tan capaz y omnipotente,
        aunque es de noche.

El corriente que de estas dos procede
sé que ninguna de ellas le precede,
        aunque es de noche.

Aquesta eterna fuente está ascondida
en este vivo pan por darnos vida,
        aunque es de noche.

Aquí se está llamando a las criaturas,
porque de esta agua se harten, aunque a escuras,
        aunque es de noche.

Aquesta viva fuente que deseo,
en este pan de vida yo la veo,
        aunque es de noche.

INSTRUCCIÓN Y CAUTELAS

QUE HA MENESTER TRAER SIEMPRE DELANTE DE SÍ
EL QUE QUISIERE SER VERDADERO RELIGIOSO Y
LLEGAR EN BREVE A MUCHA PERFECCIÓN

Si algún religioso quisiere llegar en breve al santo recogimiento, silencio espiritual, desnudez y pobreza de espíritu, donde se goza el pacífico refrigerio de espíritu y se alcanza unidad con Dios, y librarse de todos los impedimentos de toda creatura y defenderse de todas las astucias y falacias del demonio y librarse de sí mismo, tiene necesidad, al pie de la letra, de ejercitarse en los ejercicios siguientes:

Con ordinario cuidado y sin otro trabajo ni otra manera de ejercicio, no faltando de suyo a lo que le obliga su estado, irá a gran perfección a mucha priesa, ganando todas las virtudes por punto y llegando a la santa paz. Todos los daños que el alma puede recibir nacen de las tres cosas dichas que son tres enemigos: mundo, demonio y carne. Escondiéndose de éstos, ni hay más guerra. El mundo es menos dificultoso; el demonio, más oscuro de entender; pero la carne es más tenaz que todas, y que a la postre se acaba de vencer, junto con el hombre viejo. Pero si no se vencen todos, nunca se acaba de vencer el uno, que a la medida que a uno vencieres los irás venciendo a todos en cierta manera.

Para librarte perfectamente del daño que te puede hacer el mundo, has de tener tres cautelas:

Primera cautela

La primera cautela contra el mundo es que acerca de todas las personas tengas igualdad de amor, igualdad de olvido, ahora sean deudos, ahora no, quitando el corazón de éstos tanto como de esotros, y aun en alguna manera más, por el temor que la carne y sangre no se avive a causa del amor natural que entre los deudos siempre vive, el cual conviene mortificar para la perfección espiritual, y tenlos como por extraños, y de esta manera cumples mejor con la obligación que les tienes, porque no faltando tu corazón a Dios por ellos, mejor cumples con ellos que poniendo la afición que debes a Dios en ellos. No ames más a una persona que a otra, porque errarás; que aquél es digno de más amor, que Dios ama más, y no sabes tú a cuál ama Dios más; pero como los procures olvidar a todos igualmente, según te conviene para el santo recogimiento, te libras del yerro de más y menos en ellos. No pienses nada de ellos, no trates nada de ellos, ni bienes ni males, y huye de ellos cuando buenamente pudieres. Y si esto no guardas como aquí va, no sabrás ser religioso ni podrás llegar al santo recogimiento ni librarte de las imperfecciones, porque si en esto te quieres dar alguna licencia, en uno o en otro te engaña el demonio o tú a ti mismo con algún color de bien o de mal. Y en esto hay seguridad, porque no te podrás librar de las imperfecciones y daños que saca el alma acerca de la gente, sino de esta manera.

Segunda cautela

La segunda cautela contra el mundo es de los bienes temporales, en lo que es menester, para librarse de veras de los daños de este género y templar la demasía del apetito, aborrecer toda manera de poseer. Y ningún cuidado le dejes tener acerca de esto, no de comida, no de bebida, no de vestido ni de otra cosa creada, ni del día de mañana, empleando ese cuidado en otras cosas más altas, que es el reino de Dios, que es el no faltar a Dios, que lo demás, como Su Majestad dice en el Evangelio, ello se añadirá, pues no ha de olvidarse de ti el que tiene cuidado de las bestias, y en esto adquirirás silencio y paz sensitiva en el sentido.

Tercera cautela

La tercera cautela es muy necesaria para que te sepas guardar en el convento de todo daño acerca de los religiosos, la cual, por no la tener muchos, no solamente perdieron la paz y bien de su alma, pero vinieron y vienen ordinariamente a dar en grandes males y pecados, y es que te guardes con toda guarda de poner el pensamiento, y menos la palabra, en lo que pasa en la comunidad, que sea o haya sido, ni de algún religioso en particular, no de su condición, no de su trato, no de sus cosas, aunque más graves sean, ni con color de celo ni de remedio, sino a quien conviene de derecho decirlo a su tiempo. Y jamás te escandalices o maravilles de cosas que ni veas ni entiendas, procurando tú guardar tu alma en olvido de todo aquello, porque, si quieres mirar en algo, aunque vivas entre ángeles, te parecerán muchas cosas no bien, por no entender tú la substancia de ellas. Y para esto toma ejemplo de la mujer de Lot, que, porque se alteró en la perdición de los sodomitas *volviendo la cabeza*, la castigó Dios *volviéndola en estatua de sal*, para que entiendas que, aunque vivas entre demonios, quiere Dios que de tal manera vivas entre ellos que no vuelvas la cabeza del pensamiento a sus cosas, sino que las dejes totalmente, procurando tú traer para ti tu alma entera en Dios sin que un pensamiento de eso o de esotro te lo estorbe. Y para esto ten por averiguado que en los conventos nunca ha de faltar algo que tropezar, pues nunca faltan demonios que procuren derribar los santos, y Dios lo permite para ejercitallos y proballos. Y si tú, de la manera que está dicho no te guardas, no sabrás ser religioso aunque más hagas, ni llegar a la santa desnudez y recogimiento, ni librarte de los daños, porque, de otra manera, aunque más buen fin y celo lleves en uno o en otro, te cogerá el demonio y harto cogido estás cuando ya das lugar a distraer el alma en algo de ello. Y acuérdate de lo que dice el apóstol Santiago: "Si alguno piensa que es religioso no refrenando su lengua, la religión de éste vana es." Lo cual se entiende no menos de la lengua interior que de la exterior.

DE OTRAS TRES CAUTELAS QUE SON NECESARIAS PARA LIBRARSE DEL DEMONIO EN LA RELIGIÓN

Para librarte del demonio en la religión, otras tres cautelas has menester, sin las cuales no te podrás librar de sus astucias. Y primero te quiero dar un aviso general, que no se te ha de olvidar, y es que a los que van camino de perfección, ordinario estilo es engañarlos so especie de bien, y no los tienta so especie de mal, porque sabe que el mal conocido apenas lo tomarán. Y así, siempre te has de recelar de lo que parece bueno, y mayormente cuando no interviene obediencia. La sanidad de esto es el consejo de quien le debes tomar. Por tanto, sea ésta la primer cautela.

Primera cautela

Jamás te muevas a cosa, por buena que parezca y llena de caridad, ahora para ti, ahora para cualquier otro de dentro o fuera de casa, sin orden de obediencia, fuera de lo que de orden estás obligado. Y aquí ganas méritos y seguridad y te excusas de propiedad y huyes el daño y daños que no sabes y te pedirá Dios a su tiempo. Y si esto no guardas con cuidado en lo poco y en lo mucho, aunque más te parezca que aciertas, no podrás dejar de ser engañado del demonio en poco o en mucho. Aunque no sea más que no regirte en todo por obediencia, ya yerras palpablemente, pues

Dios más quiere obediencia que sacrificio, y las acciones del religioso no son suyas, sino de la obediencia, y si las sacare de ella, se las pedirán como perdidas.

Segunda cautela

La segunda cautela es necesaria en gran manera, porque el demonio mete mucho aquí la mano, y con ella será grande la ganancia y aprovechamiento, y sin ella muy grande la pérdida y el daño.

Jamás mires al prelado con menos ojos que a Dios, sea el que fuere, pues le tiene en su lugar. Y así, con grande vigilancia vela en que no mires su condición, ni en su modo ni en su traza ni otras maneras suyas, porque te harás tanto daño que vendrás a trocar la obediencia de divina en humana o te moviendo por los modos que ves visibles en el prelado y no por Dios invisible, a quien sirves en él. Y será tu obediencia vana o tanto más infructuosa cuanto más tú por la adversa condición del prelado te agravas o por la buena condición te alegras. Porque dígote que mirar en estos modos, a grande multitud de religiosos tiene arruinados, en la perfección, y sus obediencias son de muy poco valor delante los ojos de Dios, por haberlos puesto ellos en estas cosas acerca de la obediencia. Y si esto no haces con fuerza, de manera que vengas a que no se te dé más que sea prelado más uno que otro, por lo que a tu particular sentimiento toca, en ninguna manera podrás ser espiritual ni guardar bien tus votos.

Tercera cautela

La tercera cautela, derecha contra el demonio, es que de corazón procures siempre humillarte en el pensamiento, en la palabra y en la obra, holgándote más de los otros que de ti mismo y queriendo que los antepongan a ti en todas las cosas, haciéndolo tú como pudieres y con verdadero corazón. Y de esta manera vencerá en el bien el mal, y echarás lejos el demonio y traerás alegría de corazón. Y esto procura de ejercitar más en los que menos te caen en gracia. Y sábete que si así no lo ejercitas no llegarás a la verdadera caridad ni aprovecharás en ella. Y seas siempre más amigo de ser enseñado de todos que querer enseñar al menor de todos.

DE OTRAS TRES CAUTELAS PARA VENCER A SÍ MISMO Y A LA SAGACIDAD DE SU SENSUALIDAD

Primera cautela

La primera cautela para librarte de todas las turbaciones e imperfecciones que se te pueden ofrecer acerca de las condiciones y trato de los religiosos y sacar provecho de todo acaecimiento, conviene que entiendas que no has venido al convento sino para que todos te labren y ejerciten, y que todos son oficiales que están en el convento para eso, como a la verdad sí lo son, y que unos te han de labrar de palabra y otros de

obra, otros de pensamiento contra ti, y que en todo esto
tú has de estar sujeto como la imagen al que la labra y
al que la pinta y al que la dora, y si esto no guardas,
ni te sabrás haber bien con los religiosos en el convento, ni alcanzarás la santa paz, ni te librarás de muchos males.

Segunda cautela

Jamás dejes de hacer las obras por el sinsabor que
en ellas hallares, si conviene que se hagan, ni las hagas
por el sabor que te dieren, si no conviene tanto como
las desabridas, porque sin esto es imposible que ganes
constancia y que venzas tu flaqueza.

Tercera cautela

La tercera cautela que has de advertir es que nunca
en los ejercicios espirituales pongas los ojos en lo sabroso de ellos para asirte a él, sino en lo desabrido y
trabajoso de ellos para abrazarlo, porque de otra manera ni pederás amor propio ni ganarás amor de Dios.

AVISOS Y SENTENCIAS ESPIRITUALES

Prólogo

¡Oh Dios mío, dulzura y alegría de mi corazón!, mirad cómo mi alma pretende por vuestro amor ocuparse en estas máximas de amor y de luz. Porque aunque tengo palabras, virtud no, ni obras, que son las que os agradan más que los términos y la noticia de ellos, sin embargo, puede ser, Señor, que los demás, movidos por este medio a servir y amaros, sacarán frutos donde yo hago más faltas, y tendré algún consuelo de que pueda ser causa u ocasión que halléis en los otros lo que en mí no hay. Amas Tú, ¡oh Señor mío!, la discreción, amas la luz, amas el amor sobre todas las demás operaciones del ánima; y, así, estas sentencias y máximas darán discreción al caminante, le alumbrarán en su camino y le proveerán de motivos de amor para su viaje. Apártese, pues, de aquí la retórica del mundo; quédense lejos las parlerías y elocuencia seca de la humana sabiduría, flaca y engañosa, que nunca habéis aprobado; hablemos palabras al corazón, bañadas en dulzor y amor, de que Tú bien gustas. En esto, Dios mío, tomaréis, sin duda, gusto, y puede ser que por este medio quitéis los obstáculos y las piedras del tropiezo de muchas almas que caen por ignorancia y que por falta de luz se apartan de la senda verdadera, aunque creen andar por ella, y de seguir en todo las pisadas de tu dulcísimo Hijo, nuestro Señor Jesucristo, y hacerse semejante a Él en vida, condición y virtudes, según la regla de la desnudez y pobreza de espíritu. Mas Vos, ¡oh Padre de misericordia!, concédenos esta gracia, porque sin Vos no haremos nada, Señor.

I

1. El aprovechar no se halla sino imitando a Cristo, que es el camino, la verdad y la vida y la puerta por donde ha de entrar el que quisiere salvarse. De donde todo espíritu que quiere ir por dulzuras y facilidad y huye de imitar a Cristo, yo no lo tendría por bueno.

2. El primer cuidado que se halle en ti, procura sea un ansia ardiente y afecto de imitar a Cristo en todas tus obras, estudiando de haberte en cada una de ellas con el mismo modo que el Señor se hubiera.

3. Cualquier gusto que se te ofreciere a los sentidos, como no sea puramente para honra y gloria de Dios, renúncialo y quédate vacío de él por amor de Jesucristo, el cual en esta vida no tuvo otro gusto, ni lo quiso, que hacer la voluntad de su Padre, lo cual llamaba Él su comida y manjar.

4. Nunca tomes por ejemplar al hombre en lo que hubieres de hacer, por santo que sea, porque te pondrá el demonio delante sus imperfecciones, sino imita a Jesucristo, que es sumamente perfecto y sumamente santo, y nunca errarás.

5. En el interior y exterior siempre vivas crucificado con Cristo, y alcanzarás paz y satisfacción del alma y por la paciencia llegarás a poseerla.

6. Bástete Cristo crucificado, sin otras cosas, con Él padece y descansa, sin Él ni descanses ni penes, pro-

curando estudiar en quitar de ti todas las propiedades e inclinaciones y deshacerte a ti mismo.

7. El que hace algún caso de sí, ni se niega ni sigue a Cristo.

8. Ama sobre todo bien los trabajos, y no juzgues hacer algo en padecerlos por dar gusto a aquel Señor que no dudó morir por ti.

9. Si quieres llegar a poseer a Cristo, jamás le busques sin la cruz.

10. El que no busca la cruz de Cristo no busca la gloria de Cristo.

11. Desea hacerte algo semejante en el padecer a este gran Dios nuestro, humillado y crucificado, pues que esta vida, si no es para imitarle, no es buena.

12. ¿Qué sabe el que por Cristo no sabe padecer? Cuando se trata de trabajos, cuanto mayores y más graves son, tanto mejor es la suerte del que los padece.

13. Desear entrar en las riquezas y regalos de Dios, es de todos; mas desear entrar en los trabajos y dolores por el Hijo de Dios, es de pocos.

14. Es conocido muy poco Jesucristo de los que se tienen por sus amigos, pues los vemos andar buscando en Él sus consolaciones y no sus amarguras.

II

15. Porque las virtudes teologales tienen por oficio apartar al alma de todo lo que es, menos de Dios; lo tienen, consiguientemente, de juntarla con Dios.

16. Sin caminar de veras por el ejercicio de estas tres virtudes, es imposible llegar a la perfección de amor con Dios.

NÚM. 326.—4

17. El camino de la fe es el sano y seguro, y por éste han de caminar las almas para ir adelante en la virtud, cerrando los ojos a todo lo que es del sentido e inteligencia clara y particular.

18. Cuando las inspiraciones son de Dios, siempre van reguladas por motivos de la ley de Dios y de la fe, por cuya perfección ha de ir el alma siempre allegándose más a Dios.

19. El alma que camina arrimada a las luces y verdades de la fe va segura de no errar, porque de ordinario nunca yerra sino por sus apetitos o gustos, discursos o inteligencias propias, en las cuales de ordinario excede o falta, y de ahí se inclina a lo que no conviene.

20. Con la fe camina el alma muy amparada contra el demonio, que es el más fuerte y astuto enemigo, que por eso San Pedro no halló otro mayor amparo contra el demonio cuando dijo: "Resistidle fuertes en la fe."

21. Para que el alma vaya a Dios y se una con Él, antes ha de ir no comprehendiendo que comprehendiendo, en olvido total de creaturas, porque se ha de trocar lo conmutable y comprehensible de ellas por lo inconmutable e incomprehensible, que es Dios.

22. La luz que aprovecha en lo exterior para no caer, es al revés en las cosas de Dios, de manera que es mejor no ver, y tiene el alma más seguridad.

23. Siendo cierto que en esta vida más conocemos a Dios por lo que no es que por lo que es, de necesidad para caminar a Él ha de ir negando el alma hasta lo último que pueda negar de sus aprehensiones, así naturales como sobrenaturales.

24. Todas las aprehensiones y noticias de cosas sobrenaturales no pueden ayudar al amor de Dios tanto cuanto el menor acto de fe viva y esperanza que se hace en desnudez de todo eso.

25. Como en la generación natural no se puede introducir una forma sin que primero se expela del sujeto la forma contraria que es impedimento a la otra, así en tanto que el alma se sujeta al espíritu sensible y animal, no puede entrar en ella el espíritu puro y espiritual.

26. No te hagas presente a las creaturas si quieres guardar el rostro de Dios claro y sencillo en tu alma, mas vacía y enajena tu espíritu de ellas y andarás en divinas luces, porque Dios no es semejante a ellas.

27. El mayor recogimiento que puede tener el alma es la fe, en la cual le alumbra el Espíritu Santo, porque cuanto más pura y esmerada está el alma en perfección de viva fe, más tiene de caridad infusa de Dios y más participa de luces y dones sobrenaturales.

28. Una de las grandezas y mercedes que en esta vida hace Dios a un alma, aunque no de asiento, sino por vía de paso, es darle claramente a entender y sentir tan altamente de Dios, que entiende claro que no se puede entender ni sentir del todo.

29. El alma que estriba en algún saber suyo gustar o sentir, siendo todo esto muy poco y disímil de lo que es Dios, para ir por este camino, fácilmente yerra o se detiene, por no se quedar bien ciega en fe, que es su verdadera guía.

30. Cosa es digna de espanto lo que pasa en nuestros tiempos, que cualquiera alma de por ahí, con cuatro maravedises de consideración, si sienten algunas hablas en algún recogimiento, luego lo bautizan todo

por de Dios, y suponen que es así, diciendo: "Díjome Dios", "Respondióme Dios." Y no es así, sino que ellas mismas se lo dicen y ellas mismas se lo responden, con la gana que tienen de ello.

31. El que en este tiempo quisiera preguntar a Dios y tener alguna visión o revelación, parece que haría agravio a Dios no poniendo totalmente los ojos en Cristo, porque le podía Dios responder diciendo: "Éste es mi Hijo muy amado en quien Yo me complací; oíd a Él sin buscar nuevas maneras de enseñanzas: porque en Él lo he dicho y revelado todo cuanto se puede desear y pedir, dándole por vuestro hermano, maestro, compañero, precio y premio."

32. En todo nos habemos de guiar por la doctrina de Cristo y de su Iglesia, y por esa vía remediar nuestras ignorancias y flaquezas espirituales, que para todo hallaremos por este camino abundante medicina. Y lo que de él se apartare, no sólo es curiosidad, sino mucho atrevimiento.

33. No se ha de creer cosa por vía sobrenatural, sino sólo lo que dijere con la enseñanza de Cristo y sus ministros.

34. El alma que pretende revelaciones peca venialmente, por lo menos, y quien lo manda y consiente, también, aunque más fines buenos tenga; porque no hay necesidad en nada de eso habiendo razón natural y ley evangélica por donde regirse en todas las cosas.

35. El alma que apetece revelaciones de Dios va disminuyendo la perfección de regirse por la fe y abre la puerta al demonio para que la enñage en otras semejantes que él sabe bien disfrazar para que parezcan las buenas.

36. La sabiduría de los santos es saber enderezar la voluntad con fortaleza a Dios, obrando con perfección su ley y sus santos consejos.

III

37. Quien mueve y vence a Dios es la esperanza porfiada. Y así, para conseguir la unión de amor, le conviene al alma caminar con la esperanza sólo de Dios, y sin ella no alcanzará nada.

38. La esperanza viva en Dios da al alma tal animosidad y levantamiento a las cosas de la vida eterna, que, en comparación de lo que por allí se espera, todo lo del mundo le parece (como es la verdad) seco, lacio y muerto y de ningún valor.

39. Con la esperanza se desnuda y despoja el alma de todas las vestiduras y trajes del mundo, no poniendo su corazón en nada ni esperando en nada de lo que hay o ha de haber en él, viviendo solamente vestida de esperanza de vida eterna.

40. Con la esperanza viva de Dios tiene el alma tan levantado su corazón del mundo y tan libre de sus asechanzas, que no sólo no le puede tocar y asir, pero ni alcanzarle de vista.

41. En las tribulaciones acude luego a Dios confiadamente y serás esforzado, alumbrado y enseñado.

42. Más indecencia e impureza lleva el alma para ir a Dios si lleva en sí el menor apetito de cosa del mundo, que si fuese cargada de todas las feas y molestas tentaciones y tinieblas que se pueden decir, con tal que su voluntad racional no las quiera admitir, antes, el tal, entonces puede confiadamente llegar a Dios, por

hacer la voluntad de Su Majestad, que dice: "Venid a Mí todos los que estáis trabajados y cargados, y Yo os recrearé."

43. Trae íntimo deseo de que Su Majestad te dé todo lo que sabe que te falta para su honra y gloria.

44. Trae ordinaria confianza en Dios, estimando en ti y en los hermanos lo que Dios más estima, que son los bienes espirituales.

45. Cuanto Dios más quiere dar, tanto más hace desear, hasta dejarnos vacíos para llenarnos de bienes.

46. Tanto se agrada Dios de la esperanza con que el alma siempre le está mirando, sin poner en otra cosa los ojos, que es verdad decir que tanto alcanza cuanto espera.

47. En los gozos y gustos acude luego a Dios con temor y verdad, y no serás engañado ni envuelto en vanidad.

48. No te goces en las prosperidades temporales, pues no sabes de cierto que te aseguren la vida eterna.

49. Aunque todas las cosas sucedan al hombre prósperamente y, como dicen, a pedir de boca, antes se debe recelar que gozarse, pues en aquello crece la ocasión de olvidar a Dios y peligro de ofenderle.

50. No quieras desvanecerte con alegría vana, pues sabes cuántos y cuán grandes pecados has cometido ignorando si a Dios eres grato, mas siempre teme y espera en Él.

51. ¿Cómo te atreves a holgarte tan sin temor, pues has de parecer delante de Dios a dar cuenta de la menor palabra y pensamiento?

52. Mira que son muchos los llamados y pocos los escogidos, y que si tú de ti no tienes cuidado, más

cierta es tu perdición que tu remedio, mayormente siendo la senda que guía a la vida eterna tan estrecha.

53. Pues que en la hora de la muerte te ha de pesar de no haber empleado este tiempo en servicio de Dios, ¿por qué no le ordenas y empleas ahora como lo querrías haber hecho cuando te estés muriendo?

IV

54. La fortaleza del alma consiste en sus potencias, pasiones y apetitos, las cuales, si la voluntad endereza en Dios y las desvía de todo lo que no es Dios, entonces guarda el alma su fortaleza para Dios y ama a Dios de toda su fortaleza, como el mismo Señor manda.

55. La caridad es a manera de una excelente toga colorada que no sólo da gracia, hermosura y vigor a lo blanco de la fe y verde de la esperanza, sino a todas las virtudes, porque sin caridad ninguna virtud es graciosa delante de Dios.

56. El valor del amor no consiste en que el hombre sienta grandes cosas, mas en una desnudez y paciencia en todos los trabajos por su amado Dios.

57. Mayor estimación tiene Dios del menor grado de pureza en tu conciencia que de otra cualquiera obra grande con que le puedas servir.

58. Buscar a Dios en sí es carecer de toda consolación por Dios, inclina a escoger todo lo más desabrido, ahora de Dios, ahora del mundo, esto es amor de Dios.

59. No pienses que el agradar a Dios está tanto en obrar mucho como en obrarlo con buena voluntad, sin propiedad y respetos.

60. En esto se conoce el que de veras ama a Dios: si no se contenta con alguna cosa menos que Dios.

61. El cabello que se peina a menudo estará muy esclarecido y no tendrá dificultad de peinarse cuantas veces se quisiere, así el alma que a menudo examina sus pensamientos, palabras y obras, obrando por el amor de Dios todas las cosas.

62. El cabello se ha de comenzar a peinar desde lo alto de la cabeza si queremos que esté esclarecido. Y todas nuestras obras se han de comenzar de lo más alto del amor de Dios si queremos que sean puras y claras.

63. Refrenar la lengua y pensamiento, y traer de ordinario el afecto en Dios, presto calienta el espíritu divinamente.

64. Siempre procura agradar a Dios, pídele se haga en ti su voluntad: ámale mucho, que se lo debes.

65. Toda la bondad que tenemos es prestada, y Dios la tiene propia, obra Dios y su obra es Dios.

66. Más se granjea en los bienes de Dios en una hora que en los nuestros toda la vida.

67. Siempre el Señor descubrió los tesoros de su sabiduría y espíritu a los mortales, mas ahora, que la malicia va descubriendo más su cara, mucho los descubre.

68. Más hace Dios en cierta manera en purificar a un alma de las contrariedades de los apetitos que en crearla de nada, porque esto no resiste a Su Majestad, y el apetito de creaturas sí.

69. Lo que pretende Dios es hacernos dioses por participación, siéndolo Él por naturaleza, como el fuego convierte todas las cosas en fuego.

70. A la tarde de esta vida te examinarán en el amor; aprende a amar como Dios quiere ser amado, y deja tu condición.

71. El alma que quiere a Dios todo, hásele de entregar toda.

72. Los nuevos e imperfectos amadores son como el vino nuevo, que fácilmente se malean hasta que cuezan las heces de las imperfecciones y se acaben los hervores y gustos gruesos del sentido.

73. Las pasiones tanto reinan en el alma y la combaten cuanto la voluntad está menos fuerte en Dios y más pendiente de creaturas. Porque entonces con mucha facilidad se goza de cosas que no merecen gozo; espera lo que no trae provecho, se duele de lo que por ventura se había de gozar, y teme donde no hay qué temer.

74. Enojan mucho a la Majestad Divina los que pretendiendo el manjar de espíritu, no se contentan con solo Dios, sino que quieren estremecer el apetito y afición de otras cosas.

75. El que quiere amar otra cosa con Dios, sin duda tiene en poco a Dios, pues que pone en una balanza con Dios lo que sumamente dista de Él.

76. Como el enfermo está debilitado para obrar, así el alma que está flaca en el amor de Dios lo está para obrar virtudes perfectas.

77. Buscarse a sí mismo en Dios es buscar los regalos y recreaciones en Dios; lo cual es contrario al amor puro de Dios.

78. Grande mal es tener más ojo a los bienes de Dios que al mismo Dios.

79. Muchos hay que andan a buscar en Dios su consuelo y gusto y a que les conceda Su Majestad mercedes y dones, mas los que pretenden agradar y darle algo a su costa (pospuesto su particular interés) son muy pocos.

80. Pocos espirituales (aun de los que se tienen por muy levantados en virtud) alcanzan la perfecta determinación en el bien obrar, porque nunca se acaban de perder en algunos puntos de mundo o de su natural, no mirando al qué dirán o qué parecerá, para hacer las obras perfectas y desnudas por Cristo.

81. Tanto reina, así en los espirituales como en los hombres comunes, el apetito de la propia voluntad y gusto en las obras que hacen, que apenas hallarán uno que puramente se mueva a obrar por Dios sin arrimo de algún interés de consuelo o gusto u otro respeto.

82. Algunas almas llaman a Dios su esposo y su amado, y no es su amado de veras, porque no tiene con Él entero su corazón.

83. ¿Qué aprovecha dar tú a Dios una cosa, si Él te pide otra? Considera lo que Dios querrá y hazlo, que por ahí satisfarás mejor tu corazón que con aquello a que tú te inclinas.

84. Para hallar en Dios todo contento, se ha de poner el ánimo en contentarse sólo con Él, porque aunque el alma esté en el cielo, si no acomoda la voluntad a quererlo, no estará contenta. Y así nos acaece con Dios si tenemos el corazón aficionado a otra cosa.

85. Como las especies aromáticas desenvueltas van disminuyendo la fragancia y fuerza de su olor, así el alma, no recogida en un solo afecto de Dios, pierde el calor y vigor en la virtud.

86. Quien no quiere a otra cosa sino a Dios, no anda en tinieblas, aunque más oscuro y pobre se vea en su estimación.

87. El que anda penado por Dios, señal es de que se ha dado a Dios y que le ama.

88. El alma que, en medio de las sequedades y desamparos, trae un ordinario cuidado y solicitud de Dios con pena y recelo de que no le sirve, ofrece un sacrificio muy agradable a Dios.

89. Cuando Dios es amado de veras por un alma, con grande facilidad oye los ruegos de su amante.

90. Con la caridad se ampara el alma de la carne, su enemiga, porque donde hay verdadero amor de Dios no entra amor de sí ni de sus cosas.

91. El alma enamorada es alma blanda, mansa, humilde y paciente; el alma dura, en su amor propio se endurece. Si tú en tu amor, ¡oh buen Jesús!, no suavizas al alma, persevera en su natural dureza.

92. El alma que anda enamorada no se cansa ni cansa.

93. Mira aquel infinito saber, aquel secreto escondido: ¡qué paz, qué amor, qué silencio está en aquel pecho divino!, ¡qué ciencia tan levantada es la que Dios allí enseña!, que es lo que llamamos actos anagógicos (u oraciones jaculatorias), que tanto encienden el corazón.

94. El perfecto amor de Dios no puede estar sin conocimiento de Dios y de sí mismo.

95. Es propiedad del amor perfecto no querer nada para sí ni atribuirse cosa, sino todo al amado. Y si esto hay en el amor bajo, ¿cuánto más en el de Dios?

96. Los amigos viejos de Dios, por maravilla faltan a Dios, porque están ya sobre todo lo que les puede hacer falta.

97. El verdadero amor, todo lo próspero y adverso recibe con igualdad, y de una manera le hace deleite y gozo.

98. El alma que trabaja en desnudarse por Dios de todo lo que no es Dios, luego queda esclarecida y transformada en Dios; de tal manera que parece al mismo Dios y tiene lo que tiene el mismo Dios.

99. Al alma que está unida con Dios, el demonio la teme como al mismo Dios.

100. El alma que está en unión de amor, hasta los primeros movimientos no tiene.

101. La limpieza de corazón no es menos que el amor y gracia de Dios. Y así, los limpios de corazón son llamados por nuestro Salvador bienaventurados, lo cual es decir tanto enamorados, pues bienaventuranza no se da por menos que amor.

102. El que ama de veras a Dios no se afrenta delante del mundo de las obras que hace por Dios, ni las esconde con vergüenza, aunque todo el mundo se las haya de condenar.

103. El que ama de veras a Dios, tiene por ganancia y premio perder todas las cosas y a sí mismo por Dios.

104. Si el alma tuviese un solo barrunto de la hermosura de Dios, no sólo una muerte apeteciera por verla para siempre, pero mil acerbísimas muertes pasaría muy alegre por verla sólo un momento.

105. El que con purísimo amor obra por Dios, no solamente no se le da nada de que lo vean los hombres, pero ni lo hace porque lo sepa el mismo Dios;

al cual, aunque llegase a conocer ser posible dejar Dios de conocer sus obras, no cesaría de hacer los mismos servicios con la misma alegría y pureza de amor.

106. Gran negocio es ejercitar mucho el amor, porque estando el alma perfecta y consumada en él, no se detenga mucho en esta vida o en la otra sin ver la cara de Dios.

107. La obra pura y entera hecha por Dios en el seno puro, hace reino entero para su dueño.

108. Al limpio de corazón, todo lo alto y lo bajo le hace más bien y le sirve para más limpieza, así como el impuro, de lo uno y de lo otro, mediante su impureza, saca mal.

109. El limpio de corazón, en todas las cosas halla noticia de Dios, gustosa, casta, pura, espiritual, alegre y amorosa.

110. Guardando los sentidos, que son las puertas del alma, mucho se guarda y aumenta la tranquilidad y pureza de ella.

111. Nunca el hombre perdería la paz si olvidase noticias y dejase pensamientos y se apartase de oír, ver y tratar cuanto buenamente pueda.

112. Olvidadas todas las cosas creadas, no hay quien perturbe la paz ni quien mueva los apetitos que la perturban, pues, como dice el proverbio, *lo que el ojo no ve el corazón no lo desea.*

113. El alma inquieta y perturbada, que no está fundada en la mortificación de los apetitos y pasiones, no es capaz, en cuanto tal, del bien espiritual, el cual no se imprime sino en el alma moderada y puesta en paz.

114. Mira que no reina Dios sino en el alma pacífica y desinteresada.

115. Entrégate al sosiego, quitando de ti cuidados superfluos y desestimando cualquiera suceso, y servirás a Dios a su gusto y holgarás en Él.

116. Procura conservar el corazón en paz, no le desasosiegue ningún suceso de este mundo: mira que todo se ha de acabar.

117. Mira que no te entristezcas de repente de los casos adversos del siglo, pues no sabes el bien que traen consigo, ordenado en los juicios de Dios para el gozo sempiterno de los escogidos.

118. En todos los casos, por adversos que sean, antes nos habemos de alegrar que turbar, por no perder mayor bien, que es la paz y tranquilidad del alma.

119. Aunque todo se hunda y todas las cosas sucedan al revés, vano es el turbarse, pues por esa turbación antes se dañan más que se aprovechan.

120. Llevarlo todo con igualdad pacífica, no sólo aprovecha al alma para muchos bienes, sino también para que en esas mismas adversidades se acierte mejor a juzgar de ellas y ponerles remedio conveniente.

121. No es voluntad de Dios que el alma se turbe de nada ni que padezca trabajos: que si los padece en los adversos casos del mundo, es por la flaqueza de su virtud, porque el alma del perfecto se goza en lo que se pena la imperfecta.

122. El cielo es firme y no está sujeto a generación, y las almas que son de naturaleza celestial son firmes y no están sujetas a engendrar apetitos ni otra cualquiera cosa, porque parecen a Dios en su manera, que no se mueve para siempre.

123. La sabiduría entra por el amor, silencio y mortificación. Gran sabiduría es saber callar y sufrir y no mirar dichos y hechos ni vidas ajenas.

124. Mira que no te entremetas en cosas ajenas ni aun las pases por tu memoria, porque quizá no podrás tú cumplir con tu tarea.

125. No sospeches mal contra tu hermano, porque este pensamiento quita la pureza del corazón.

126. Nunca oigas flaquezas ajenas, y si alguno se quejare a ti del otro, le podrás decir con humildad que no te diga nada.

127. No rehuses el trabajo aunque te parezca que no lo puedes hacer. Hallen todos en ti piedad.

128. Ninguno merece amor sino por la virtud que en él hay; y cuando de esta suerte se ama es muy según Dios y con mucha libertad.

129. Cuando el amor y afición que se tiene a la creatura es puramente espiritual y fundado en Dios, creciendo ella crece la de Dios; y cuanto más se acuerda de ella, tanto más se acuerda de Dios y le da gana de Dios, creciendo lo uno al paso de lo otro.

130. Cuando el amor a la creatura nace de vicio sensual o de inclinación puramente natural, al paso que aqueste crece, se va resfriando en el amor de Dios y olvidándose de Él, sintiendo remordimiento de la conciencia con la memoria de la creatura.

131. "Lo que nace de carne es carne, y lo que nace de espíritu es espíritu", dice nuestro Salvador en su Evangelio. Y así, el amor que nace de sensualidad, para en sensualidad, y el que de espíritu, para en espíritu de Dios y le hace crecer. Y ésta es la diferencia que hay para conocer estos dos amores.

V

132. El que ama desordenadamente a una creatura, tan bajo se queda como aquella creatura, y en alguna manera más bajo, porque el amor no sólo iguala, mas aun sujeta al amante a lo que ama.

133. De las pasiones y apetitos nacen todas las virtudes cuando están dichas pasiones ordenadas y compuestas, y también todos los vicios e imperfecciones que tiene el alma cuando están desenfrenadas.

134. Cinco daños causa cualquier apetito en el alma, demás de privarla del espíritu de Dios. El primero, que la cansan; segundo, que la atormentan; tercero, que la oscurecen; cuarto, que la ensucian; quinto, que la enflaquecen.

135. Todas las creaturas son miajas que cayeron de la mesa de Dios. Y, así, justamente es llamado can el que anda apacentándose en las creaturas. Y por eso justamente como perros siempre andan hambreando, porque las miajas más sirven de avivar el apetito que de satisfacer la hambre.

136. Los apetitos son como unos hijuelos inquietos y del mal contento, que siempre andan pidiendo a su madre uno y otro y nunca se contentan. Y como el enfermo de calentura, que no halla bien hasta que se le quite la fiebre y cada rato le crece la sed.

137. Como el que tira el carro la cuesta arriba, así camina para Dios el alma que no sacude el cuidado de las cosas del mundo y niega sus apetitos.

138. De la manera que es atormentado el que cae en manos de sus enemigos, así es atormentada y afligida el alma que se deja llevar de sus apetitos.

139. De la misma manera que se atormenta y aflige el que desnudo se acuesta sobre espinas y puntas, así se atormenta el alma y aflige cuando se acuesta sobre sus apetitos, porque a manera de espinas hieren, lastiman, asen y dejan dolor.

140. Como los vapores oscurecen el aire y no dejan lucir el sol, así el alma que está tomada de los apetitos, según el entendimiento está entenebrecida, y no da lugar para que ni el sol de la razón natural ni de la sabiduría de Dios sobrenatural la embistan e ilustren de claro.

141. El que se ceba del apetito es como la mariposilla y como el pez encandilado, al cual aquella luz antes le sirve de tinieblas para que no vea los daños que los pescadores le aparejan.

142. ¡Oh quién pudiera decir cuán imposible es al alma que tiene apetitos juzgar de las cosas de Dios como ellas son! Porque estando aquella catarata y nube del apetito sobre el ojo del juicio, no ve sino nube, unas veces de un color y otras de otro. Y así viene a tener las cosas de Dios por no de Dios, y las que no son de Dios por de Dios.

143. Dos veces trabaja el pájaro que se sentó en la liga, es a saber, en desasirse y en limpiarse de ella. Y de dos maneras pena el que cumple su apetito: en desasirse y, después de desasirse, en purgarse de lo que de él se le pega.

144. De la manera que pararían los rasgos de tizne a un rostro muy hermoso y acabado, de esa misma ma-

nera afean y ensucian los apetitos desordenados al alma que los tiene, la cual en sí es una hermosísima acabada imagen de Dios.

145. "El que tocare a la pez —dice el Espíritu Santo—, ensuciarse ha de ella", y entonces toca uno la pez, cuando en alguna creatura cumple el apetito de su voluntad.

146. Si hubiésemos de hablar de propósito de la fea y sucia figura que pueden poner los apetitos al alma, no hallaríamos cosa, por llena de telarañas y sabandijas que esté, ni fealdad a la que pudiésemos comparar.

147. Los apetitos son como los renuevos que nacen en derredor del árbol y le quitan la virtud para que no lleve tanto fruto.

148. No hay mal humor que tan pesado ponga a un enfermo para caminar ni tan lleno de hastío para comer, cuanto el apetito de creaturas hace al alma pesada y triste para seguir la virtud.

149. Muchas almas no tienen gana de obrar virtudes porque tienen apetitos no puros y fuera de Dios.

150. Como los hijuelos de la víbora cuando van creciendo en el vientre comen a la madre y la matan, quedándose ellos vivos a costa de ella, así los apetitos no mortificados llegan a enflaquecer tanto, que matan al alma en Dios, y sólo lo que en ella vive son ellos, porque ella primero no los mató.

151. Así como es necesario a la tierra la labor para que lleve fruto, y sin ella no lleva sino malas yerbas, así es necesario la mortificación de los apetitos para que haya pureza en el alma.

152. Como el madero no se transforma en el fuego por un solo grado de calor que le falta en su disposición, así no se transforma el alma en Dios perfectamente por una imperfección que tenga.

153. Igualmente está detenida el ave para sus vuelos con los lazos de alambre recio o del más sutil y delicado hilo; pues mientras no rompe el uno y otro estorbo no puede ejercitarse en el vuelo. Así también el alma que está presa por afición a las cosas humanas, por pequeñas que sean, mientras duran los lazos, no puede caminar a Dios.

154. El apetito y asimiento del alma tiene la propiedad que dicen tiene la rémora con la nave: que, con ser un pez muy pequeño, si acierta a pegarse a la nave, la tiene tan queda, que no le deja caminar.

155. ¡Oh si supiesen los espirituales qué bienes pierden y abundancia de espíritu por no querer ellos acabar de levantar el apetito de niñerías! ¡Y cómo hallarían en este sencillo manjar del espíritu, significado por el maná, el gusto de todas las cosas si ellos no quisiesen gustar cosa!

156. No dejaban los hijos de Israel de hallar en el maná todo el gusto y fortaleza que ellos pudieran querer, porque el maná no la tuviese, sino porque ellos querían otra cosa.

157. De sólo una centella se aumenta el fuego, y una imperfección basta a traer otras. Y así, nunca veremos un alma que es negligente en vencer un apetito, que no tenga otros muchos, que nacen de la misma flaqueza e imperfección que tiene en aquél.

158. Los apetitos voluntarios y enteramente advertidos, por mínimos que sean, siendo de hábito y cos-

tumbres, son los que principalmente impiden en el camino de la perfección.

159. Cualquier imperfección en que tenga el alma asimiento y hábito, es mayor daño para crecer en la virtud que si cada día cayese en otras muchas imperfecciones, aunque fuesen mayores, que no procedan de ordinaria costumbre de alguna mala propiedad.

160. Justamente se enoja Dios con algunas almas porque, habiéndolas con mano poderosa sacado del mundo y de ocasiones de graves pecados, son flojas y descuidadas en mortificar algunas imperfecciones, y por eso las deja ir cayendo en sus apetitos de mal en peor.

VI

161. Entra en cuenta con tu razón para hacer lo que ella te dice en el camino de Dios, y valdráte más para con tu Dios que todas las obras que sin esta advertencia haces y que todos los sabores espirituales que pretendes.

162. Bienaventurado el que, dejado aparte su gusto e inclinación, mira las cosas en razón y justicia para hacerlas.

163. El que obra según razón es semejante al que usa de alimento sustancial y fuerte; mas el que procura en las obras dar satisfacción al gusto de su voluntad, será parecido al que se alimenta de frutos mal sazonados y tenues.

164. A ninguna creatura le es conveniente salir fuera de los términos que Dios le tiene naturalmente ordenados; y, habiendo puesto al hombre términos naturales

y racionales para su gobierno, salir de ellos, queriendo saber algunas cosas por vía sobrenatural, no es santo ni conveniente. Y, por tanto, no gusta Dios de este término, y si alguna vez responde es por flaqueza del alma.

165. No sabe el hombre gobernar el gozo y dolor con la razón y prudencia porque ignora la distancia que entre el bien y el mal se halla.

166. No sabemos lo que hay en la diestra y siniestra porque a cada paso tenemos lo malo por bueno y lo bueno por malo. Y si esto es de nuestra cosecha, ¿qué será si añade apetito a nuestra natural tiniebla?

167. El apetito, en cuanto apetito, ciego es, porque de suyo no mira a la razón, que es la que siempre derechamente guía y encamina al alma en sus operaciones. Y, así, todas las veces que el alma se guía por su apetito, se ciega.

168. Los ángeles son nuestros pastores, porque no sólo llevan a Dios nuestros recados, sino también los de Dios a nuestras almas, apacentándolas de dulces inspiraciones y comunicaciones de Dios. Y, como buenos pastores, nos amparan y defienden de los lobos, que son los demonios.

169. Los ángeles, mediante sus secretas inspiraciones que hacen al alma, le dan más alto conocimiento de Dios, y así la enamoran más de Dios hasta dejarla llagada de amor.

170. La misma sabiduría divina, que en el cielo ilumina a los ángeles y purga de sus ignorancias, ésa ilumina a los hombres en el suelo y los purga de sus errores e imperfecciones, derivándose de Dios por las

jerarquías primeras hasta las postreras, y de ahí a los hombres.

171. La luz de Dios que al ángel ilumina esclareciéndole y encendiéndole en amor como a puro espíritu dispuesto para la tal infusión, al hombre, por ser impuro y flaco, regularmente le ilumina en oscuridad, pena y aprieto, como hace el sol al ojo enfermo, que le alumbra aflictivamente.

172. Cuando el hombre llega a estar espiritualizado y sutilizado mediante el fuego del divino amor que le purifica, entonces recibe la unión e influencia de la amorosa iluminación con suavidad, a modo de los ángeles, porque almas hay en esta vida que recibieron más perfecta iluminación que los ángeles.

173. Cuando Dios hace mercedes al alma por medio del ángel bueno, ordinariamente permite que las entienda el demonio y que haga contra ella lo que pudiere, según la proporción de la justicia, para que la victoria sea más estimada y el alma victoriosa y fiel en la tentación sea más premiada.

174. Considera que tu ángel de guarda no siempre mueve tu apetito a obrar, aunque siempre ilustra la razón, y por esto no siempre te prometas la suavidad sensible en el obrar, pues la razón y entendimiento te bastan.

175. Cuando los apetitos del hombre se emplean en algo fuera de Dios, impiden sienta el alma, y cierran la puerta a la luz con que el ángel la mueve a la virtud.

176. Acuérdate cuán vana cosa es gozarse de otra cosa que de servir a Dios, y cuán peligrosa y perniciosa, considerando cuánto daño fué para los ángeles

gozarse y complacerse de su hermosura y bienes naturales, pues por eso cayeron feos en los abismos.

177. Alma sin maestro es como el carbón encendido
que está solo, que antes se irá enfriando que encendiendo.

178. El que solo se quiere estar, sin arrimo de maes-
to y guía, será como el árbol que está solo y sin dueño
en el campo, que, por más fruta que tenga, los viadores
se la cogerán y no llegará a sazón.

179. El árbol cultivado y guardado con el beneficio
de su dueño, da la fruta en el tiempo que de él se
espera.

180. El que a solas cae, a solas está caído, y tiene en
poco su alma, pues de sí solo la fía.

181. El que cargado cae, dificultosamente se levantará cargado.

182. El que cae ciego no se levantará ciego solo,
y si se levantare solo, caminará por donde no conviene.

183. Pues no temes el caer a solas, ¿cómo presumes
de levantarte a solas? Mira que más pueden dos juntos que uno solo.

184. No dijo Cristo en su Evangelio: "Donde estuviere uno solo, allí estoy", sino por lo menos dos, para
darnos a entender que ninguno por sí solo crea y se
afirme en las cosas que tiene por de Dios, sin el consejo y gobierno de la Iglesia y sus ministros.

185. "¡Ay del solo!", dice el Espíritu Santo. Por tanto, le conviene al alma la dirección del maestro, porque
los dos resistirán más fácilmente al demonio, juntán-
dose a saber y obrar la verdad.

186. Es Dios tan amigo que el gobierno del hombre
sea por otro hombre, que totalmente quiere no demos

entero crédito a las cosas que sobrenaturalmente comunica hasta que pasen por este arcaduz humano de la boca del hombre.

187. Cuando Dios revela al alma alguna cosa, la inclina a decirlo a su ministro de la Iglesia que tiene puesto en su lugar.

188. Las almas no las ha de tratar cualquiera, pues es cosa de tanta importancia acertar o errar en tan grave negocio.

189. El alma que quiere aprovechar y no volver atrás, mire en cúyas manos se pone, porque cual fuere el maestro, tal será el discípulo, y cual el padre, tal el hijo.

190. Las inclinaciones y afectos del maestro fácilmente se imprimen en el discípulo.

191. El principal cuidado que han de tener los maestros espirituales es mortificar a los discípulos de cualquier apetito, haciéndolos quedar en vacío de lo que apetecían, por dejarlos libres de tanta miseria.

192. Por más alta que sea la doctrina y por más esmerada que sea la retórica, y subido el estilo con que va vestida, no hará de suyo, ordinariamente, más provecho que tuviere el espíritu de quien la enseña.

193. El buen estilo y acciones y subida doctrina y buen lenguaje, mueve y hace más efecto acompañado con buen espíritu, pero sin él poco o ningún calor pega a la voluntad, aunque dé saber y gusto al sentido y entendimiento.

194. Dios tiene ojeriza con los que, enseñando su ley, ellos no la guardan, y, predicando buen espíritu, ellos no le tienen.

195. Para lo más subido en el camino de la perfección, y aun para lo más mediano de él, apenas se hallará una guía cabal según todas las partes que ha menester, porque ha de ser sabio, discreto y experimentado.

196. Para guiar al espíritu, aunque el fundamento es el saber y la discreción, si no hay experiencia no atinarán a encaminar al alma por donde Dios la lleva, y la harán volver atrás, gobernándola por otros modos rateros que ellos han leído.

197. El que temerariamente yerra estando obligado a acertar (como cada uno lo está en su oficio), no pasará sin castigo según el daño que hizo, porque los negocios de Dios, cual es la dirección de las almas, con mucho tiento y consejo se han de tratar.

198. ¿Quién habrá, como San Pablo, que tenga para hacerse todo a todos, para ganarlos a todos? Conociendo todos los caminos por donde Dios lleva a las almas, que son tan diferentes, que apenas se hallará un espíritu que en la mitad del modo que lleva convenga con el modo del otro.

199. La mayor honra que podemos dar a Dios es servirle según la perfección evangélica, y lo que es fuera de esto es de ningún valor y provecho para el hombre.

200. Más vale un pensamiento del hombre que todo el mundo, y por eso sólo Dios es digno de él y a Él se le debe, y así, cualquier pensamiento del hombre que no se tenga en Dios, se lo hurtamos.

201. En cualquier cosa ha de haber proporción de naturalezas, y por esto, para las insensibles basta lo que no se siente, y en las sensibles el sentido, y para el Espíritu de Dios el pensamiento.

202. Nunca dejes derramar tu corazón, aunque sea por un credo.

203. No podrá el alma sin oración vencer la fortaleza del demonio, ni entender sus engaños sin humildad y mortificación, porque las armas de Dios son la oración y cruz de Cristo.

204. En todas nuestras necesidades, trabajos, dificultades, no nos queda otro remedio mejor ni más seguro que la oración y esperanza de que Dios proveerá por los medios que Él quisiere.

205. Sea el esposo y amigo de tu alma Dios, teniéndole en todo presente. Con esta vista evitarás pecados, aprenderás a amar, y todo te sucederá prósperamente.

206. Entra en lo interior de tu seno y trabaja en presencia del Esposo de tu alma, Dios, que siempre está presente haciéndote bien.

207. Siempre procure traer a Dios presente y conservar en sí la pureza que Dios le enseña.

208. Con la oración se ahuyenta la sequedad, se aumenta la devoción y pone el alma las virtudes en ejercicio interior.

209. No mirar defectos ajenos, guardar silencio y continuo trato con Dios, desarraigan grandes imperfecciones del alma y la hacen señora de grandes virtudes.

210. Cuando la oración se hace en inteligencia pura y sencilla de Dios, es muy breve para el alma, aunque dure mucho tiempo, y ésta es la oración breve de quien se dice que penetra los cielos.

211. Las potencias y los sentidos no se han de emplear todos en las cosas, sino en lo que no se puede excusar, y lo demás dejarlo desocupado para Dios.

212. Traiga advertencia amorosa en Dios, sin apetito de querer sentir ni entender cosa particular de Él.

213. Procura llegar a estado que todas las cosas sean para ti de ninguna importancia ni tú a ellas, para que, olvidado de todas, estés con tu Dios en el secreto de tu retiro.

214. El que de sus apetitos no se deja llevar, volará ligero como el ave que no le falta pluma.

215. No apacientes el espíritu en otra cosa que en Dios, desecha las advertencias de las cosas, trae paz y recogimiento en el corazón.

216. Si quieres venir al santo recogimiento, no has de venir admitiendo, sino negando.

217. Buscad leyendo y hallaréis meditando, llamad orando y abriros han contemplando.

218. La verdadera devoción y espíritu consiste en perseverar en la oración con paciencia y humildad, desconfiando de sí, sólo por agradar a Dios.

219. Aquellos llaman de veras a Dios que le piden las cosas que son de más altas veras, como son las de la salvación.

220. Para alcanzar las peticiones que tenemos en nuestro corazón, no hay mejor medio que poner la fuerza de nuestra oración en aquella cosa que es más a gusto de Dios, porque entonces, no sólo nos dará la salvación que pedimos, sino lo demás que ve que nos conviene, aunque no se lo pidamos ni nos pase por el pensamiento el pedirlo.

221. Ha de entender cualquier alma que, aunque Dios no acuda luego a su necesidad y ruego, que no por eso dejará de acudir en el tiempo oportuno, si ella no desmayare y cesare.

222. Cuando la voluntad, luego que siente gusto en lo que percibe por los sentidos, se levanta a gozar en Dios y le sirve de motivo para tener oración, no ha de evitar esos motivos, antes puede y debe aprovecharse de ellos para tan santo ejercicio, porque entonces sirven las cosas sensibles para el fin que Dios las creó, que es para ser más amado y conocido por ellas.

223. El que tiene el sentido purgado y sujeto al espíritu de todas las cosas sensibles, désde el primer movimiento saca deleites de la sabrosa advertencia y contemplación de Dios.

224. Siendo verdad en buena filosofía que cada cosa, según el ser que tiene, es la vida que vive, el que tiene ser espiritual, mortificada la vida animal, claro es que sin contradicción ha de ir con todo a Dios.

225. La persona devota, en lo invisible pone su voluntad principalmente, y pocas imágenes ha menester y de pocas usa, y de aquellas que más se conforman con lo divino que con lo humano, conformando a ellas, y así, con el traje y condición del otro siglo y no con éste.

226. Lo que principalmente se ha de mirar en las imágenes es la devoción y fe. Porque, si esto falta, no bastará la imagen, que harto viva imagen era nuestro Salvador en el mundo y, con todo eso, los que no tenían fe, aunque más andaban con Él y veían sus obras maravillosas, no se aprovechaban.

227. Apártate a una sola cosa que lo trae todo consigo, que es la soledad acompañada con oración y divina lección, y allí perservera en olvido de todas las cosas, que si de obligación no te incumben, más agra-

darás a Dios en saberte guardar y perfeccionar a ti mismo que en granjearlas todas juntas. Porque, ¿qué le aprovechará al hombre ganar todo el mundo si deja perder su alma?

228. El espíritu bien puro no se mezcla con extrañas advertencias ni humanos respetos, sino sólo en soledad de todas las formas creadas, interiormente, con sosiego sabroso, se comunica con Dios, porque su conocimiento es en silencio divino.

229. Para tener oración, aquel lugar se ha de escoger donde menos se embaraza el sentido y espíritu de ir a Dios.

230. El lugar para la oración no ha de ser ameno y deleitable al sentido (como suelen procurar algunos), porque en vez de recoger el espíritu no pare en recreación del sentido.

231. El que hace la romería, sea cuando no va otra gente, aunque sea tiempo extraordinario. Cuando va mucha turba, nunca yo lo aconsejara, porque ordinariamente vuelven más distraídos que fueron. Y muchos son los que hacen estas romerías más por recreación que por devoción.

232. El que interrumpe los ejercicios y curso de la oración es como el que, teniendo el pájaro en la mano, lo echa a volar, que con dificultad le coge.

233. Siendo Dios como es, inaccesible, no descanse tu consideración en aquella manera de objetos que pueden las potencias comprehender y percibir el sentido, no sea que, satisfecho con lo que es menos, pierda tu ánima aquella agilidad que para caminar a Dios se requiere.

234. Sea enemigo de admitir en su alma cosa que no tenga en sí sustancia espiritual, porque harán perder el gusto de la devoción y recogimiento.

235. El que se quiere arrimar mucho al sentido corporal no será muy espiritual, y así se engañan los que piensan que a pura fuerza del sentido bajo pueden llegar a la fuerza del espíritu.

236. Por la pretensión del gozo sensible en la oración pierden los imperfectos la verdadera devoción.

237. La mosca que a la miel se arrima impide su vuelo, y el alma que se quiere estar asida al sabor del espíritu impide su libertad y contemplación.

238. El que no se acomoda a orar en todos los lugares, sino en los que son a su gusto, muchas veces faltará a la oración, pues, como dicen, no está hecho sino al libro de su aldea.

239. El que no sintiere libertad de espíritu en las cosas y gustos sensibles, de suerte que le sirvan de motivo para la oración, sino que la voluntad se detiene y ceba en ellos, daño le hacen para ir a Dios y se debe apartar de usarlos.

240. Muy insipiente sería el que, faltándole la suavidad y deleite espiritual, pensase que por eso le faltaba Dios, y cuando la tuviese se deleitase pensando que por eso tenía a Dios.

241. Muchas veces muchos espirituales emplean los sentidos en los bienes sensibles, con pretexto de darse a la oración y levantar su corazón a Dios, y es de manera que más se puede llamar recreación que oración, y darse gusto a sí mismo más que a Dios.

242. La meditación se ordena a la contemplación como a su fin. Y así como conseguido el fin cesan los

medios, y llegando al término del camino se descansa, así, en llegando al estado de contemplación, ha de cesar la meditación.

243. Así como conviene para ir a Dios dejar a su tiempo la obra del discurso y meditación por que no impida, así también es necesario no dejarla antes de tiempo, para no volver atrás.

244. Tres cosas muestran la contemplación y recolección interior del alma. La primera, si no halla gusto en cosas transitorias. La segunda, si le tiene en la soledad y silencio, procurando aquello que es más perfección. La tercera, si la meditación o discurso de que antes le ayudaba, ahora le es estorbo. Las cuales señales todas deben concurrir juntas.

245. A los principios de este estado de contemplación, casi no se echa de ver esta noticia amorosa. Lo uno, porque suele ser muy sutil, delicada y casi insensible; lo otro, por haber estado el alma habituada al otro ejercicio de meditación, que es más sensible.

246. Cuanto más se fuere habilitando el alma a dejarse sosegar, crecerá más la noticia amorosa de la contemplación, la sentirá más y gustará de ella más que de todas las cosas, porque le causa paz, descanso, sabor y deleite sin trabajo.

247. Los que han pasado al estado de contemplación, no por eso entiendan que nunca han de usar de la meditación ni procurarla, porque a los principios que van aprovechando no está tan perfecto el hábito que luego que ellos quieren se pueden poner en acto, ni están tan remotos de la meditación que no puedan ejercitarla algunas veces como solían.

248. Fuera del tiempo de la contemplación, en todos los ejercicios, actos y obras, se ha de valer el alma de las memorias y meditaciones buenas, de la manera que sintiere más devoción y provecho, particularísimamente de la vida, pasión y muerte de Nuestro Señor Jesucristo, para confortar sus acciones, ejercicios y vida con la suya.

249. Las condiciones del pájaro solitario son cinco. La primera, que se va a lo más alto; la segunda, que no sufre compañía, aunque sea de su naturaleza; la tercera, que pone el pico al aire; la cuarta, que no tiene color determinado; la quinta, que canta suavemente; las cuales ha de tener el alma contemplativa. Que se ha de subir sobre las cosas transitorias, no haciendo más caso de ellas que si no fuesen, y ha de ser tan amiga de la soledad y silencio, que no sufra compañía ninguna de otra creatura; ha de poner el pico al aire del Espíritu Santo, correspondiendo a sus inspiraciones y deseos, para que, haciéndolo así, se haga más digna de su compañía; no ha de tener determinado color, no teniendo determinación en ninguna cosa sino en lo que es más voluntad de Dios; ha de cantar suavemente en la contemplación y amor de Dios.

250. Aunque alguna vez, en lo subido de la contemplación y vista sencilla de la divinidad, no se acuerde el alma de la santísima humanidad de Cristo, porque Dios de su mano levantó al espíritu a este muy sobrenatural conocimiento; pero hacer estudio de olvidarle en ninguna manera conviene, pues por su vida y meditación amorosa se subirá más fácilmente a lo muy levantado de la unión, porque Cristo, Señor Nuestro, es verdad, puerta, camino y guía para los bienes todos.

VII

251. El cambio de la vida poca negociación y solicitud requiere, y más pide negación de la propia voluntad que mucho saber. El que se inclinare al gusto y suavidad de las cosas, menos podrá caminar por él.

252. Quien no anda en gustos propios ni de Dios ni de las creaturas, ni hace su voluntad en cosa alguna, no tiene en qué tropezar.

253. Aunque emprendas grandes cosas, si no aprendes a negar tu voluntad y a sujetarte, olvidando el cuidado de ti y de tus cosas, no te adelantarás en el camino de la perfección.

254. Déjate enseñar, déjate mandar, déjate sujetar y serás perfecto.

255. Más satisfecho está Dios de ver una alma que con sequedad y trabajo de su espíritu se sujeta y rinde, que no aquella que, faltando en esta obediencia, se ejercita en todas sus obras con grande suavidad de espíritu.

256. Más quiere Dios en ti el menor grado de obediencia y sujeción que todos esos servicios que le pretendes hacer.

257. La sujeción y obediencia es penitencia de la razón y discreción, y por eso es para Dios más acepto y gustoso sacrificio que todos los demás de penitencia corporal.

258. La penitencia corporal sin obediencia es imperfectísima, porque se mueven a ella los principiantes

sólo por el apetito y gusto que allí hallan, en lo cual, por hacer su voluntad, antes van creciendo en vicios que en virtudes.

259. Pues se te ha de seguir doblada amargura en cumplir tu voluntad, no la quieras cumplir, aunque te quedes en amargura.

260. Fácilmente prevalece el demonio con los que a solas y por su voluntad se guían en las cosas de Dios.

VIII

261. Más vale estar cargado junto al fuerte que aliviado junto al flaco: cuando estás cargado de aflicciones, estás junto a Dios, que es tu fortaleza, el cual está con los atribulados. Cuando estás aliviado, estás junto a ti, que eres tu misma flaqueza, porque la virtud y fortaleza del alma en los trabajos crece y se confirma

262. Mira que tu carne es flaca y que ninguna cosa del mundo puede dar a tu espíritu fortaleza ni consuelo, que lo que nace del mundo, mundo es, y lo que nace de la carne, carne es. Y el buen espíritu sólo nace del espíritu de Dios, que se comunica no por mundo ni por carne.

263. Mira que la flor más delicada más presto se marchita y pierde su olor, por tanto, guárdate de caminar por espíritu de sabor, porque no serás constante. Mas escoge para ti un espíritu robusto, no asido a nada, y hallarás dulzura y paz en abundancia, porque la sabrosa, dulce y durable fruta, en la tierra fría y seca se coge.

264. Aunque el camino es llano y suave para los hombres de buena voluntad, el que camina, caminará poco y con trabajo si no tiene buenos pies y ánimo y porfía en eso mismo animosamente.

265. No comas en pastos vedados, que son los de esta vida presente, porque bienaventurados son los que han hambre y sed de justicia, porque ellos serán hartos.

266. Verdaderamente aquel tiene vencidas todas las cosas que ni el gusto de ellas le mueve a gozo ni el desabrimiento le causa tristeza.

267. Con la fortaleza trabaja el ánimo, obra las virtudes y vence los vicios.

268. Ten fortaleza en el corazón contra todas las cosas que te movieren en todo lo que no es Dios y sé amigo de las pasiones de Cristo.

269. Continuamente te goces en Dios, que es tu salud, y considera cuán bueno es padecer lo que viniere por Aquel que verdaderamente es bueno.

270. Más estima Dios en ti el inclinarte a la sequedad y al padecer por su amor, que todas las consolaciones y visiones espirituales y meditaciones que puedes tener.

271. Nunca por bueno ni malo dejes de quietar tu corazón con entrañas de amor para padecer en todas las cosas que se ofrecieren.

272. No habemos de medir los trabajos a nosotros, mas nosotros a los trabajos.

273. Si supiesen las almas de cuánto provecho es el padecer y la mortificación para venir a los altos bienes, en ninguna manera buscaría consuelo en cosa alguna.

274. Si un alma tiene más paciencia para sufrir y más tolerancia para carecer de gustos, es señal que tiene más aprovechamiento en la virtud.

275. El camino de padecer es más seguro y aun más provechoso que el gozar y hacer. Lo uno, porque en el padecer se le añaden al alma fuerzas de Dios, y en el hacer y gozar ejercita el alma sus flaquezas e imperfecciones; lo otro, porque en el padecer se van ejercitando y ganando las virtudes, y purificando el alma y haciendo más sabia y cauta.

276. El alma que no es tentada y ejercitada y probada con tentaciones y trabajos, no puede arribar su sentido a la sabiduría, porque, como dice el Eclesiástico, "el que no es tentado, ¿qué sabe?"

277. El más puro padecer trae y acarrea el más puro entender.

IX

278. Recogiendo el alma su gozo de las cosas sensibles, se restaura acerca de la distracción en que por el demasiado ejercicio de los sentidos ha caído, recogiéndose en Dios, y consérvanse y se aumentan el espíritu y virtudes que ha adquirido.

279. Así como el hombre que busca el gusto de las cosas sensuales y en ellas pone su gozo no merece ni se le debe otro nombre que de sensual, animal y temporal, así como levanta el gozo de estas cosas sensibles merece todos estos atributos de espiritual, celestial y divino.

280. Si un gozo niegas en las cosas sensibles, ciento tanto te dará el Señor en esta vida, espiritual y tempo-

ralmente, como también, por un gozo que de esas cosas sensibles tengas, te nacerá ciento tanto de pesar y sinsabor.

281. El que no vive ya según el sentido, todas las operaciones de sus sentidos y potencias son enderezadas a divina contemplación.

282. Aunque los bienes sensibles se merezcan algún gozo cuando de ellos el hombre se aprovecha para ir a Dios, es tan incierto esto, que, como vemos comúnmente, más se daña el hombre con ellos que se aprovecha.

283. Hasta que el hombre venga a tener tan habituado el sentido en la purgación del gozo sensible, de suerte que le envíen luego las cosas a Dios, tiene necesidad de negar su gozo acerca de ellas para sacar al alma de la vida sensitiva.

284. Una palabra habló el Padre, que fué su Hijo, y ésta habla siempre en eterno silencio, y en el silencio ha de ser oída del alma.

285. La mayor necesidad que tenemos para aprovechar es de callar a este gran Dios con el apetito y con la lengua, cuyo lenguaje, que Él más oye, es el callado amor.

286. Hable poco, y en cosas que no es preguntado, no se meta.

287. Nunca oiga flaquezas ajenas, y si alguno se quejare a él de otro, podrále decir con humildad no le diga nada.

288. No se queje de nadie, no pregunte cosa alguna, y si fuere necesario preguntar, sea con pocas palabras.

289. No contradiga. En ninguna manera hable palabras que no vayan limpias.

290. Lo que hablare sea de manera que nadie sea ofendido y que sea en cosa que no le pueda pesar que lo sepan todos.

291. Traiga sosiego espiritual en advertencia amorosa de Dios, y cuando sea necesario hablar, sea con el mismo sosiego y paz.

292. Calle lo que Dios le diere. Y acuérdese de aquel dicho de la Escritura: "Mi secreto, para mí."

293. No se olvide que de cualquiera palabra dicha sin la dirección de la obediencia le ha de pedir Dios estrecha cuenta.

294. Tratar con las gentes más de lo que puramente es necesario y la razón pide, a ninguno, por santo que fuese, le fué bien.

295. Es imposible ir aprovechando si no es haciendo y padeciendo, todo envuelto en silencio.

296. Para aprovechar en las virtudes, lo que importa es callar y obrar, porque el hablar distrae, y el callar y obrar recoge.

297. Luego que la persona sabe lo que le han dicho para su aprovechamiento, ya no es menester andar pidiendo que le digan más ni hablar más, sino obrarlo de veras con silencio y cuidado, en humildad y caridad y desprecio de sí.

298. Esto he entendido: que el alma que presto advierte en hablar y tratar, poco advertida está en Dios, porque cuando lo está luego, con fuerza le tiran de adentro a callar y huir de cualquiera conversación.

299. Más quiere Dios que el alma se goce con Él que con criatura alguna, por más aventajada que sea y por más al caso que le haga.

X

300. Lo primero que ha de tener el alma para ir al conocimiento de Dios es el conocimiento de sí propio.

301. Mayor agrado tiene Dios en una suerte de obras, por pequeñas que sean, hechas en secreto y retiro, sin deseo de que aparezcan a los hombres, que no millares de otras grandes emprendidas con la intención de que las vean los hombres.

302. Destrúyese el secreto de la conciencia siempre que el hombre manifiesta a otros los bienes que en ella tiene, recibiendo por premio de sus obras la gloria humana.

303. El espíritu sabio de Dios, que mora en las almas humildes, las inclina a guardar en secreto sus tesoros y echar fuera los males.

304. La perfección no consiste en las virtudes que cada uno en sí conoce, sino en aquellas que Dios aprueba. Y siendo esto tan retirado a los ojos del hombre, nada tiene por qué presuma y mucho de que siempre tema.

305. Para enamorarse Dios del alma no pone los ojos en su grandeza, mas en la grandeza de desprecio y humildad.

306. Aquello que más procuras y con mayores ansias deseas, no lo hallarás si por ti lo buscas ni por lo levantado de la contemplación, sino en la humildad profunda y rendimiento del corazón.

307. Si te quieres gloriar de ti, aparta de ti lo que no es tuyo, mas lo que queda será nada y de nada te debes gloriar.

308. No desprecies a otro por parecerte no hallas en él las virtudes que tú juzgabas tenía, que puede ser agradable a Dios por otras cosas que tú no alcanzas.

309. No te disculpes. Oye con rostro sereno la reprehensión, pensando que te lo dice Dios.

310. Ten por misericordia de Dios que alguna vez te digan alguna palabra buena, pues no la mereces.

311. No pares mucho ni poco en quien es contra ti, y siempre procura agradar a Dios. Pídele que se haga su voluntad. Ámale mucho, que se lo debes.

312. Ama el no ser conocido de ti ni de los otros. Nunca mires los bienes ni los males ajenos.

313. Nunca te olvides de la vida eterna. Y considera cuántos allí son grandes y gozan de mayor gloria, que en sus ojos fueron desestimados, humildes y pobres.

314. Para mortificar de veras el apetito de la honra, de que se originan otros muchos, lo primero, procurará obrar en su desprecio y deseará que los otros lo hagan, lo segundo, procurará hablar en su desprecio y procurará que los otros lo hagan, lo tercero, procurará pensar bajamente de sí en su desprecio y deseará que los demás lo hagan.

315. La humildad y sujeción al maestro espiritual, comunicándole todo cuanto le pasa en el trato de Dios, causa luz, sosiego, satisfacción y seguridad.

316. La virtud no está en las aprehensiones y sentimientos de Dios, por subidos que sean, ni en nada de lo que a este talle se puede sentir, sino por el contrario, en lo que no se siente en sí, que es mucha humildad y desprecio de sí y de todas sus cosas muy formado en el alma.

317. Todas las visiones, revelaciones y sentimientos del cielo, por más que las estime el espiritual, no valen tanto como el menor acto de humildad, la cual tiene los efectos de la caridad, que no estima ni piensa bien de sus cosas, sino de las ajenas.

318. Las comunicaciones que verdaderamente son de Dios, esta propiedad tienen: que de una vez humillan y levantan al alma. Porque en este camino el bajar es subir y el subir es bajar.

319. Cuando las mercedes y comunicaciones son de Dios, dejan repugnancia en el alma a cosas de mayorías y de su propia excelencia, y en las cosas de humildad y bajeza le ponen más facilidad y prontitud.

320. Aborrece Dios tanto ver las almas inclinadas a mayorías, que, aun cuando Su Majestad se lo manda, no quiere que tengan prontitud y gana de mandar.

321. Cuando son las mercedes y comunicaciones del demonio, en las cosas de más valor pone facilidad y prontitud, y en las bajas y humildes repugnancia.

322. El alma que se enamora de mayorías y de otros tales oficios o de las libertades de su apetito, delante de Dios es tenida y tratada, no como hijo libre, sino como persona baja, cautiva de sus pasiones.

323. Al alma que no es humilde la engaña el demonio fácilmente, haciéndola creer mil mentiras.

324. Muchos cristianos, el día de hoy, tienen algunas virtudes y obran grandes cosas y no les aprovechará nada para la vida eterna, porque no pretendieron en ellas la honra y gloria que es sólo de Dios, sino el gozo vano de su voluntad.

325. El gozarse vanamente de las obras buenas no puede ser sin estimarlas. Y de ahí nace la jactancia y lo demás que se dice del fariseo en el Evangelio.

326. Hay tanta miseria en los hijos de los hombres, que tengo para mí que las más de las obras que hacen públicas, o son viciosas, o no les valdrán nada, o son imperfectas y mancas delante de Dios, por no ir ellos desasidos de intereses y respetos humanos.

327. ¡Oh almas criadas para tantas grandezas y para ellas llamadas! ¿Qué hacéis? ¿En qué os entretenéis? ¡Oh miserable ceguera de los hijos de Adán! Pues en tanta luz están ciegos y a tan grandes voces sordos, pues en tanto que buscan grandeza y gloria, se quedan miserables y bajos y de tantos bienes indignos.

XI

328. Si por alguna vía se sufre gozarse en las riquezas, es cuando se expenden y emplean en servicio de Dios, pues de otra manera no se sacará de ellas provecho. Y lo mismo se ha de entender de los demás bienes temporales de títulos, estados, oficios, etc.

329. Ha el espiritual de mirar mucho que no se le comience el corazón y el gozo a asir a las cosas temporales, temiendo que de poco vendrá a mucho, creciendo de grado en grado, pues de pequeño principio en el fin es el daño grande. Como una centella basta para quemar un monte.

330. Nunca se fíe por ser pequeño el asimiento si no le corta luego, pensando que adelante lo hará, porque si cuando es tan poco al principio no tiene ánimo

para acabarlo, cuando sea mucho y muy arraigado, ¿cómo piensa y presume que podrá?

331. El que lo poco evita no caerá en lo mucho; mas en lo poco hay gran daño, pues está ya entrada la cerca y muralla del corazón. Y, como dice el adagio: "El que comienza, la mitad tiene hecho."

332. El gozo anubla el juicio como niebla; porque no puede haber gozo voluntario de creatura sin propiedad voluntaria, y la negación y purgación del tal gozo deja el juicio claro como el aire los vapores cuando se deshacen.

333. Al desasido no le molestan cuidados ni en oración ni fuera de ella. Y así, sin perder tiempo, con facilidad hace mucha hacienda espiritual.

334. Aunque los bienes temporales de suyo necesariamente no hacen pecar, pero porque ordinariamente con flaqueza de afición se ase el corazón del hombre a ello y falta a Dios, lo cual es pecado, por eso dice el Sabio que el rico no estará libre de pecado.

335. No ocupan al alma las cosas de este mundo ni la dañan, pues no entran en ella sino la voluntad y apetito de ellas, que moran en ella.

336. Jesucristo Nuestro Señor llamó a las riquezas en el Evangelio espinas, para dar a entender que el que las manoseare con la voluntad, quedará herido con algún pecado.

337. Es vana cosa desear tener hijos, como hacen algunos, que hunden y alborotan el mundo con deseo de ellos, pues no saben si serán buenos y si servirán a Dios, y si el contento que de ellos esperan será dolor, trabajo y deconsuelo.

338. Al codicioso, todo se le suele ir en dar vueltas y revueltas sobre el lazo a que está asido y apropiado su corazón. Y con diligencia aun apenas se puede librar por poco tiempo de este lazo del pensamiento a que está asido el corazón.

339. Considera que es en gran manera necesario el ser contrario a ti mismo y caminar por vía penitente si pretendes alcanzar la perfección.

340. Si alguno te persuadiere doctrina de anchura, aunque la confirme con milagros, no lo creas, sino más penitencia y más desasimiento de todas las cosas.

341. Mandaba Dios en su ley que el altar donde se habían de ofrecer los sacrificios estuviese dentro vacío, para que entienda el alma cuán vacía la quiere Dios de todas las cosas para que sea digno altar donde esté Su Majestad.

342. Sólo un apetito consiente y quiere Dios que haya en el alma donde está, que es de guardar la ley de Dios perfectamente y llevar la cruz de Cristo sobre sí. Y así, no se dice en la Escritura divina que mandase Dios poner en el arca donde estaba el maná otra cosa sino el libro de la ley y la vara de Moisés, que significa la cruz.

343. El alma que otra cosa no pretendiere sino guardar perfectamente la ley del Señor y llevar la cruz de Cristo, será arca verdadera, que tendrá en sí el verdadero maná, que es Dios.

344. Si quieres que en tu espíritu nazca la devoción y crezca el amor de Dios y apetito de las cosas divinas, limpia el alma de todo apetito y pretensión, de manera que no se te dé nada por nada, porque así como el enfermo, echado fuera el mal humor, luego siente el

bien de la salud y le nace gana de comer, así tú convalecerás en Dios si en lo dicho te curas. Y sin ello, aunque más hagas, no aprovecharás.

345. Vive en este mundo como si no hubiera más en él que Dios y tu alma, para que no pueda tu corazón ser detenido por cosa humana.

346. No quieras fatigarte en vano ni pretendas entrar en los gozos y suavidad del espíritu si no es abrazando la negación de aquello mismo que pretendes.

347. Si quieres venir al santo recogimiento, no has de venir admitiendo, sino negando.

348. Traiga interior desasimiento de todas las cosas y no ponga el gusto en alguna temporalidad y recogerá su alma a los bienes que no sabe.

349. Los bienes inmensos de Dios no caben sino en corazón vacío y solitario.

350. Cuanto estuviere de su parte, no niegue cosa que tenga, aunque la haya menester.

351. No puede llegar a la perfección el que no procura satisfacerse a sí mismo, de manera que todo el orden de apetitos naturales y espirituales se satisfagan con el vacío de todo aquello que no fuere de Dios. Lo cual es forzosamente necesario para la continua paz y tranquilidad del espíritu.

352. Reine en tu alma siempre un estudio de inclinarse, no a lo fácil, sino a lo más dificultoso; no a lo más gustoso, sino a lo más desabrido; no a lo más alto y precioso, sino a lo más bajo y despreciado; no a lo más, sino a lo que es menos; no a lo que es querer algo, sino a no querer nada; no a andar buscando lo mejor de las cosas, sino lo peor. Deseando entrar por

el amor de Jesucristo en la desnudez, vacío y pobreza de cuanto hay en el mundo.

353. Si purificas tu alma de extrañas posesiones y apetitos, entenderás en espíritu las cosas. Y si negares el apetito en ellas, gozarás de la verdad de ellas, entendiendo de ellas lo cierto.

354. Sin trabajo sujetarás las gentes y te servirán las cosas si te olvidares de ellas y de ti mismo.

355. No sentirás más necesidades que a las que quisieres sujetar el corazón, porque el pobre de espíritu en las menguas está más contento y alegre, y el que ha puesto su corazón en la nada, en todo halla anchura.

356. Los pobres de espíritu con gran largueza dan todo cuanto tienen, y su gusto es saber quedarse sin ello por Dios y por la caridad del prójimo, regulándolo todo con las leyes de esta virtud.

357. La pobreza de espíritu sólo mira a la sustancia de la devoción, y aprovechándose sólo de aquello que basta para ella, se cansa de la multiplicidad y curiosidad de instrumentos visibles.

358. El ánimo abstraído de lo exterior, desnudo de la propiedad y posesión de cosas divinas, ni las cosas prósperas le detienen, ni le sujetan las adversas.

359. El pobre que está desnudo le vestirán, y el alma que se desnuda de los apetitos y quereres y no quereres la vestirá Dios de su pureza, gusto y voluntad.

360. El amor de Dios en el alma pura y sencilla y desnuda de todo apetito, casi frecuentemente está en acto.

361. Niega tus deseos y hallarás lo que desea tu corazón. ¿Qué sabes tú si tu apetito es según Dios?

362. Si deseas hallar la paz y consuelo de tu alma y servir a Dios de veras, no te contentes con eso que has dejado, porque por ventura te estás en lo que de nuevo andas tan impedido o más que antes, mas deja todas esotras cosas que te quedan.

363. Si del ejercicio de negación hay falta, que es el total y la raíz de las virtudes, todas esotras maneras es andar por las ramas y no aprovechar, aunque tengan muy altas consideraciones y comunicaciones.

364. No sólo los bienes temporales y gustos y deleites corporales impiden y contradicen el camino de Dios, mas también los consuelos y deleites espirituales, si se tienen o buscan con prioridad, estorban el camino de las virtudes.

365. Es nuestra vana codicia de tal suerte y condición, que en todas las cosas quiere hacer asiento Y es como la carcoma, que roe lo sano y en las cosas buenas y malas hace su oficio.

XII

ORACIÓN DEL ALMA ENAMORADA

Señor Dios, amado mío, si todavía te acuerdas de mis pecados para no hacer lo que ando pidiendo, haz en ellos, Dios mío, tu voluntad, que es lo que yo más quiero, y ejercita tu bondad y misericordia, y serás conocido en ellos. Y si es que esperas a mis obras para por este medio concederme mi ruego, dámelas Tú y óbramelas, y las penas que Tú quisieres aceptar, y hágase. Y si a las obras mías no esperas, ¿qué esperas, clementísimo Señor mío? ¿Por qué te tardas? Porque, si en fin ha de ser gracia y misericordia la que en tu Hijo te pido, toma mi cornadillo, pues le quieres, y dame este bien, pues que Tú también lo quieres. ¡Oh poderoso Señor, secádose ha mi espíritu porque se olvida de apacentarse en Ti! No te conocía yo, Señor mío, porque todavía quería saber y gustar cosas.

¿Quién se podrá librar de los modos y términos bajos si no le levantas Tú a Ti en pureza de amor, Dios mío? Tú, Señor, vuelves con alegría y amor a levantar al que te ofende, y yo no vuelvo a levantar y honrar al que me enoja a mí. ¿Cómo se levantará a Ti el hombre engendrado y criado en bajezas si no lo levantas Tú, Señor, con la mano que le hiciste? ¡Oh poderoso Señor!, si una centella del imperio de tu justicia tanto hace en el príncipe mortal que gobierna y mueve las gentes, ¿qué no hará tu omnipotente justicia sobre el justo y el pecador?

Señor Dios mío, ¿no eres Tú extraño a quien no se extraña contigo? ¿Cómo dicen que te ausentes Tú? Señor Dios mío, ¿quién te buscará con amor puro y sencillo, que te deje de hallar muy a gusto y voluntad, pues que Tú te muestras primero y sales al encuentro a los que te desean? No me quitarás, Dios mío, lo que una vez me diste en tu unigénito Hijo Jesucristo, en que me diste todo lo que quiero, por eso me holgaré que no te tardarás si yo te espero. ¡Con qué dilaciones esperas, oh alma mía, pues desde luego puedes amar a Dios en tu corazón!

Míos son los cielos y mía la tierra, mías son las gentes, los justos son míos y míos los pecadores, los ángeles son míos y la Madre de Dios y todas las cosas son mías, y el mismo Dios es mío y para mí, porque

Cristo es mío y todo para mí. Pues ¿qué pides y buscas, alma mía? Tuyo es todo esto y todo es para ti, no te pongas en menos, ni repares en miajas que se caen de la mesa de tu Padre. Sal fuera y gloríate en tu gloria, escóndete en ella y goza y alcanzarás las peticiones de tu corazón.

¡Oh dulcísimo amor de Dios, mal conocido! El que halló sus venas descansó. Múdese todo muy en hora buena, Señor Dios mío, porque hagamos asiento en Ti. Yéndome yo, Dios mío, por doquiera contigo, por do quiera me irá como yo quiero para Ti. Amado mío, todo para Ti y nada para mí, nada para Ti y todo para mí, todo lo suave y sabroso quiero para Ti y nada para mí, todo lo áspero y trabajoso quiero para mí y nada para Ti. ¡Oh Dios mío, cuán dulce será a mí la presencia tuya, que eres sumo bien! Allegarme he yo con silencio a Ti y descubrirte he los pies, porque tengas por bien de ajuntarme contigo, tomando a mi alma por esposa. Y no me holgaré hasta que me goce en tus brazos. Y ahora te ruego, Señor, que no me dejes en ningún tiempo porque soy despreciador de mi alma.

CARTAS ESPIRITUALES

Carta primera

*A la madre Catalina de Jesús, carmelita descalza,
compañera de Santa Teresa de Jesús*

Jesús sea en su alma, mi hija Catalina. Aunque no
sé dónde está, la quiero escribir estos renglones, con-
fiando se los enviará nuestra madre, si no anda con
ella, y si es así que no anda, consuélese conmigo, que
más desterrado estoy yo y solo por acá. Que después
que me tragó aquella ballena y vomitó en este extraño
puerto, nunca más merecí verla, ni a los santos de por
allá. Dios lo hizo bien, pues en fin es lima el desamparo
y para gran luz el padecer tinieblas. Plega a Dios no
andemos en ella. ¡Oh qué de cosas la quisiera decir!
Mas escribo muy a oscuras, no pensando la ha de recibir, por eso ceso sin acabar. Encomiéndeme a Dios.
Y no la quiero decir de por acá más, porque no tengo
gana.—*De Baeza y julio 6 de 1581.*—Su siervo en Cristo.—Fray Juan de la Cruz.

Carta segunda

A las religiosas de Beas

Jesús, María, sean en sus almas, hijas mías en Cristo.
Mucho me consolé con su carta, págueselo Nuestro

Señor. El no haber escrito no ha sido falta de voluntad, porque de veras deseo su gran bien, sino parecerme que harto está ya dicho para obrar lo que importa, y que lo que falta (si algo falta) no es el escribir o el hablar (que esto antes ordinariamente sobra), sino callar y obrar. Porque, demás de esto, el hablar distrae y el callar y obrar recoge y da fuerza al espíritu; y así, luego que la persona sabe lo que le han dicho para su aprovechamiento, ya no ha menester oír ni hablar más, sino obrarlo de veras con silencio y cuidado, en humildad y caridad y desprecio de sí, y no andar luego a buscar nuevas cosas, que no sirven sino de satisfacer el apetito en lo de fuera (y aun sin poderla satisfacer) y dejar el apetito flaco y vacío, sin virtud interior. Y de aquí es que ni lo primero ni lo postrero aprovecha, como el que come sobre lo indigesto que, porque el calor natural se reparte en lo uno y en lo otro, no tiene fuerza para todo convertirlo en sustancia, y engéndrase enfermedad. Mucho es menester, hijas mías, saber hurtar el cuerpo del espíritu al demonio y a nuestra sensualidad; porque si no, sin entender, nos hallaremos muy desaprovechados y muy ajenos de las virtudes de Cristo, y después amaneceremos con nuestro trabajo y obra hecha del revés. Y, pensando que llevamos la lámpara encendida, parecerá muerta; porque los soplos que a nuestro parecer dábamos para encenderla, quizá era más para apagarla. Digo, pues, que para que esto no sea y para guardar el espíritu (como he dicho) no hay mejor remedio que padecer y hacer callar y cerrar los sentidos con uso e inclinación de soledad y olvido de toda criatura y de todos los acaecimientos, aunque se hunda el mundo. Nunca por bueno ni malo dejar de quietar su corazón con entrañas de amor, para padecer en todas las cosas que se ofrecieren. Porque la perfección es de tan alto momento y el deleite del espíritu de tan rico precio, que aun todo esto quiera Dios que baste, porque es imposible ir aprovechando, si no es haciendo y padeciendo virtuosamente, todo envuelto en silencio. Esto he entendido, hijas: "que el alma que presto advierte en hablar y tratar, muy poco advertida está en Dios, porque cuando lo está, luego con fuerza la tiran de dentro a callar y huir de cualquiera conversación; porque más quiere Dios que el alma se goce con Él que con otra alguna creatura, por más aventajada que sea y por más al caso que le haga". En las oraciones de vuestras caridades me encomiendo y tengan por cierto que, con ser mi caridad tan poca, está tan recogida hacia allá, que no me olvido de a quien tanto debo en el Señor, el cual sea con todos nosotros. Amén.—*De Granada*, a *22 de noviembre de 1587.*—Fray Juan de la Cruz.

Carta tercera

A la madre Leonor Bautista, priora del convento de Beas

Jesús sea en su alma. No piense, hija en Cristo, que me he dejado de doler en sus trabajos y de las que son participantes; pero acordándome de que, así como Dios la llamó para que hiciese vida apostólica, que es vida de desprecio, la lleva por el camino de ella, me consuelo. En fin, el religioso, de tal manera quiere Dios que sea religioso, que haya acabado con todo y que todo se haya acabado para él, porque Él mismo es el que quiere ser su riqueza, consuelo y gloria deleitable. Harta merced le ha hecho Dios a vuestra reverencia, que ahora, bien olvidada de todas las cosas, podrá a su salvo gozar bien de Dios, no se le dando nada que hagan en ella lo que quisieren por amor de Dios, pues no es suya, sino de Dios. Hágame saber si es cierta su partida a Madrid y si viene la madre priora, y encomiéndome mucho a mis hijas Magdalena y Ana y a todas, que no me dan lugar para escribirlas.—*De Granada, a 8 de febrero de 1588.*—FRAY JUAN DE LA CRUZ.

Carta cuarta

A la madre Ana de San Alberto, priora de las Carmelitas Descalzas de Caravaca

Jesús sea en su alma. ¿Hasta cuándo, hija, ha de andar en brazos ajenos? Ya deseo verla con una gran desnudez de espíritu y tan sin arrimo de creaturas, que todo el infierno no baste a turbarla. ¿Qué lágrimas tan impertinentes son esas que derrama estos días? ¿Cuánto tiempo bueno piensa que ha perdido con esos escrúpulos? Si desea comunicar conmigo sus trabajos, váyase a aquel espejo sin mancilla del Eterno Padre, que es su Hijo, que allí miro yo su alma cada día, y sin duda saldrá consolada y no tendrá necesidad de mendigar a puertas de gente pobre.—*De Granada.*—Su siervo en Cristo.—FRAY JUAN DE LA CRUZ.

Carta quinta

Para la misma religiosa

Jesús sea en su alma, carísima hija en Cristo. Pues ella no me dice nada, yo quiero decirla algo, y sea que no dé lugar en su alma a esos temores impertinentes que acobardan el espíritu. Deje a Dios lo que le ha dado y le da cada día, que parece quiere ella medir a Dios a la medida de su capacidad. Pues no ha de ser así. Aparéjese, que la quiere hacer una gran merced.—*De Granada.*—Su siervo en Cristo.—FRAY JUAN DE LA CRUZ.

Carta sexta

Para la misma religiosa

Jesús sea en su alma. Al tiempo que me partía de Granada a la fundación de Córdoba, la dejé escrito de priesa. Y después acá, estando en Córdoba, recibí las cartas suyas y de esos señores que iban a Madrid, que debieron pensar me cogerían en la junta; pues sepa que nunca se ha hecho, por esperar a que se acaben estas visitas y fundaciones: que se da el Señor estos días tanta priesa, que no nos damos vado. Acabóse de hacer la de Córdoba, de frailes, con el mayor aplauso y solemnidad de toda la ciudad que se ha hecho allí con religión alguna, porque toda la clerecía de Córdoba y cofradías se juntaron, y se trajo el Santísimo Sa-

cramento, con gran solemnidad, de la iglesia mayor,
todas las calles muy bien colgadas y la gente como el
día de Corpus Christi. Esto fué el domingo después
de la Ascensión, y vino el señor obispo y predicó ala-
bándonos mucho. Está la casa en la mejor parte de la
ciudad, que es en la collación de la iglesia mayor. Ya
estoy en Sevilla, en la translación de nuestras monjas,
que han comprado unas casas principalísimas que, aunque costaron casi catorce mil ducados, valen más de
veinte mil. Ya están en ellas, y el día de San Bernabé
pone el señor cardenal el Santísimo Sacramento con
mucha solemnidad. Y entiendo dejar aquí otro convento de frailes antes que me vaya, y habrá dos en Sevilla
de frailes. Y de aquí a San Juan me parto a Écija, donde, con el favor de Dios, fundaremos otro, y luego a
Málaga, y desde allí a la junta. Ojalá tuviera yo co-
misión para esa fundación, como la tengo para éstas,
que no esperara yo muchas andulencias, mas espero
en Dios que se hará, y en la junta haré cuanto pudiere.
Así lo diga a esos señores (a los cuales escribo). El
librito de las *Canciones de la Esposa* querría que me
enviase, que ya a buena razón lo tendrá sacado Madre
de Dios. Mire que me dé un gran recaudo al señor
Gonzalo Muñoz, que por no cansar a su merced no le
escribo y porque vuestra reverencia le dirá lo que ahí
digo.—*De Sevilla y junio año de 1586.*—Carísima hija
en Cristo. Su siervo.—Fray Juan de la Cruz.

Carta séptima

Al padre fray Ambrosio Mariano de San Benito,
prior de Madrid

Jesús sea en vuestra reverencia. La necesidad que hay de religiosos, como vuestra reverencia sabe, según la multitud de fundaciones que hay, es muy grande, por eso es menester que vuestra reverencia tenga paciencia en que vaya de ahí el padre fray Miguel a esperar en Pastrana al padre provincial, porque tiene luego que acabar de fundar aquel convento de Molina. También les pareció a los padres convenir dar luego a vuestra reverencia subprior, y así, le dieron al padre fray Ángel, por entender se conformará bien con su prior, que es lo que más conviene en un convento. Y déles vuestra reverencia a cada uno sus patentes. Y convendrá que no pierda vuestra reverencia cuidado en que ningún sacerdote se le entremeta en tratar con los novicios, pues, como sabe vuestra reverencia, no hay cosa más perniciosa que pasar por muchas manos y que otros anden traqueando a los novicios. Y, pues tiene tantos, es razón ayudar y aliviar al padre fray Ángel, y aun darle autoridad, como ahora se le ha dado, de subprior, para que en casa le tengan más respeto. El padre fray Miguel parece no era menester mucho ahí ahora y que podrá más servir a la religión en otra parte. Acerca del padre Gracián no se ofrece cosa de nuevo, sino que el padre fray Antonio está aquí.—*De Segovia y noviembre 9 de 1588.*—Fray Juan de la Cruz.

Carta octava

A una doncella de Madrid que deseaba ser religiosa descalza y después lo fué en el convento fundado en un lugar de Castilla la Nueva, llamado Arenas, que con el tiempo se trasladó a Guadalajara

Jesús sea en su alma. El mensajero me ha topado en tiempo que no podía responder cuando él pasaba de camino y aun ahora está esperando. Déle Dios, hija mía, siempre su santa gracia para que toda en todo se emplee en su santo amor, como tiene la obligación, pues sólo para esto la creó y redimió. Los tres puntos que me pregunta, había mucho que decir en ellos, más que la presente brevedad y carta pide, pero diréle otros tres, con que podrá algo aprovecharse con ellos. Acerca de los pecados, que Dios tanto aborrece, que le obligaron a muerte, le conviene, para bien llevarlos y no caer en ellos, tener el menor trato que pudiere con gentes, huyendo de ellos y nunca hablar más de lo necesario en cada cosa, porque de tratar con las gentes más de lo que puramente es necesario y la razón pide, nunca a ninguno, por santo que fuese, le fué bien. Y con esto, guardar la ley de Dios con grande puntualidad y amor. Acerca de la Pasión del Señor, procure el rigor de su cuerpo con discreción, el aborrecimiento de sí misma y mortificación y no querer hacer su voluntad y gusto en nada, pues ella fué la causa de su muerte y pasión, y lo que hiciere, todo sea por consejo de su maestro. Lo tercero, que es la gloria, para bien pensar en ella y amarla, tenga toda la riqueza del mundo y los deleites de ella por lodo, vanidad y cansancio, como de verdad lo es, y no estime en nada cosa alguna, por grande y preciosa que sea, sino estar bien con Dios, pues que todo lo mejor de acá, comparado con aquellos bienes eternos, para que somos creados, es feo y amargo; y, aunque breve su amargura y fealdad, dura para siempre en el alma del que lo estimare. De su negocio yo no me olvido, mas ahora no se puede más, que harta voluntad tengo. Encomiéndelo a Dios y tome por abogada a Nuestra Señora y a San José en ello. A su madre me encomiendo mucho y que haya ésta por suya y entrambas me encomienden a Dios, y a sus amigas pidan lo hagan por caridad. Dios la dé su espíritu.—*De Segovia y febrero de 1589.*—FRAY JUAN DE LA CRUZ.

Carta novena

A un religioso espiritual

La paz de Jesucristo sea, hijo mío, siempre en su alma. La carta de vuestra reverencia recibí, en que me dice los grandes deseos que le da Nuestro Señor de ocupar su voluntad en solo Él, amándole sobre todas las cosas, y pídeme que, en orden de conseguir aquesto, le dé algunos avisos. Huélgome de que Dios le haya dado tan santos deseos y mucho más me holgaré que los ponga en ejecución, para lo cual le conviene advertir cómo todos los gustos, gozos y aficiones se causan siempre en el alma mediante la voluntad y querer de las cosas que se le ofrecen como buenas, convenientes y deleitables, por ser ellas a su parecer gustosas y preciosas, y según esto se mueven los apetitos de la voluntad a ellas y las espera y en ellas se goza cuando las tiene y teme perderlas. Y así, según las aficiones y gozos de las cosas, está el alma alterada e inquieta. Pues para aniquilar y mortificar estas aficiones de gustos acerca de todo lo que no es Dios, debe vuestra reverencia notar que todo aquello de que se puede la voluntad gozar distintamente es lo que es suave y deleitable, por ser ello a su parecer gustoso, y ninguna cosa deleitable y suave en que ella pueda gozar y deleitarse es de Dios. Porque, como Dios no puede caer debajo de las aprehensiones de las demás potencias, tampoco puede caer debajo de los apetitos y gustos de la voluntad; porque en esta vida, así como el alma no puede gustar a Dios esencialmente, así toda la suavidad y deleite que gustare, por subido que sea, no puede ser Dios; porque también todo lo que la voluntad puede gustar y apetecer distintamente es en cuanto lo conoce por tal o tal objeto. Pues como la voluntad nunca haya gustado a Dios como es, ni conocídolo debajo de alguna aprehensión de apetito y, por el consiguiente, no sabe cuál sea Dios, no lo puede saber su gusto cuál sea, ni puede su ser y apetito y gusto llegar a saber apetecer a Dios, pues es sobre toda su capacidad. Y así, está claro que ninguna cosa distinta de cuantas puede gustar la voluntad es Dios; y por eso, para unirse con Él, se ha de vaciar y despegar de cualquier afecto desordenado de apetito y gusto de todo lo que distintamente puede gozarse, así de arriba como de abajo, temporal o espiritual, para que, purgada y

limpia de cualesquiera gustos, gozos y apetitos desordenados, toda ella con sus afectos se emplee en amar
a Dios. Porque, si en alguna manera la voluntad puede
comprender a Dios y unirse con Él, no es por algún
medio aprehensivo del apetito, sino por el amor. Y como
el deleite y suavidad y cualquier gusto que puede
caer en la voluntad no sea amor, síguese que ninguno
de los sentimientos sabrosos puede ser medio propor-
cionado para que la voluntad sea una con Dios, sino
la operación de la voluntad. Y porque es muy distinta
la operación de la voluntad de su sentimiento, por la
operación se une con Dios y se termina con Él, que es
amor, y no por el sentimiento y aprehensión de su
apetito, que se asienta en el alma como fin y remate.
Sólo pueden servir los sentimientos de motivos para
amar, si la voluntad quiere pasar adelante, y no más.
Y así, los sentimientos sabrosos de suyo no encaminan
al alma a Dios, antes la hacen asentar en sí mismos.
Pero en la operación de la voluntad, que es amar a
Dios, sólo en Él pone el alma su afición, gozo, gusto,
contento y amor, dejadas atrás todas las cosas y amándole sobre todas ellas, de donde, si alguno se mueve
a amar a Dios por la suavidad que siente, ya deja
atrás esta suavidad y pone el amor en Dios, a quien
no siente. Porque, si le pusiese en la suavidad y gusto
que siente, reparando y detendiéndose en él, eso ya
sería ponerle en creatura o cosa de ella y hacer del
motivo fin y término y, por consiguiente, la obra de la
voluntad sería viciosa, que, pues Dios es incomprehensible e inaccesible, la voluntad no ha de poner su operación de amor para ponerla en Dios, en lo que ella
puede tocar y aprehender en el apetito, sino en lo que

no puede comprender ni llegar con él. Y de esta manera queda la voluntad amando a lo cierto y de veras al gusto de la fe, también en vacío y a oscuras de sus sentimientos sobre todos los que ella puede sentir con el entendimiento de sus inteligencias, creyendo y amando sobre todo, lo que puede entender. Y así, muy insipiente sería el que, faltándole la suavidad y deleite espiritual, pensase que por eso le falta Dios, y cuando le tuviese se gozase y deleitase, pensando que por eso tenía a Dios. Y más insipiente sería si anduviese a buscar esta suavidad en Dios, y se gozase y detuviese en ella, porque de esa manera ya no andaría a buscar a Dios con la voluntad fundada en vacío de fe y caridad, sino en el gusto y suavidad espiritual, que es creatura, siguiendo su gusto y apetito. Y así, ya no amaría a Dios puramente sobre todas las cosas, lo cual es poner toda la fuerza de la voluntad en Él, porque, asiéndose y arrimándose en aquella creatura con el apetito, no sube la voluntad sobre ella a Dios, que es inaccesible. Porque es cosa imposible que la voluntad pueda llegar a la suavidad y deleite de la divina unión, ni abrazar ni sentir los dulces y amorosos abrazos de Dios, si no es que sea en desnudez y vacío de apetito en todo gusto particular, así de arriba como de abajo, porque esto quiso decir David cuando dijo: "Dilata os tuum, et implebo illud." Conviene, pues, saber que el apetito es la boca de la voluntad, la cual se dilata cuando con algún bocado de algún gusto no se embaraza ni se ocupa, porque cuando el apetito se pone en alguna cosa, en eso mismo se estrecha, pues fuera de Dios todo es estrechura. Y así, para acertar el alma a ir a Dios y juntarse con Él, ha de tener la boca de la voluntad abierta solamente al mismo Dios y desapropiada de todo bocado de apetito, para que Dios la hinche y llene de su amor y dulzura y estarse con esa hambre y sed de sólo Dios, sin querer satisfacer de otra cosa, pues a Dios aquí no le puede gustar como es, y lo que se puede gustar, si hay apetito, digo, también lo impide. Esto enseñó Isaías cuando dijo: "Todos los que tenéis sed, venid a las aguas", etc. Donde convida a los que de solo Dios tienen sed a la hartura de las aguas divinas de la unión de Dios y no tienen plata de apetito. Mucho, pues, le conviene a vuestra reverencia, si quiere gozar de grande paz en su alma y llegar a la perfección, entregar toda su voluntad a Dios, para que así se una con Él, y no ocupársela en las cosas viles y bajas de la tierra. Su Majestad le haga tan espiritual y santo como yo deseo.—*De Segovia y 14 de abril de 1589.*— FRAY JUAN DE LA CRUZ.

Carta décima

A la madre Leonor de San Gabriel

Jesús sea en su alma. Mi hija en Cristo, agradézcola su letra y a Dios el haberse querido aprovechar de ella en esa fundación, pues lo ha Su Majestad hecho para aprovecharla más; porque cuanto más quiere dar, tanto más se hace desear, hasta dejarnos vacíos para llenarnos de bienes. Bien pagados irán los que ahora deja en Sevilla, del amor de las hermanas; que, por cuanto los bienes inmensos de Dios no caben ni caen sino en corazón vacío y solitario, por eso la quiere el Señor (porque la quiere bien) bien sola con gana de hacerle

Él toda compañía. Y será menester que vuestra reverencia advierta en poner ánimo en contentarse sólo con ella para que en ella halle todo contento, porque, aunque el alma esté en el cielo, si no acomoda la voluntad a quererlo, no estará contenta, y así nos acaece con Dios, aunque siempre está Dios con nosotros, si tenemos corazón aficionado en otra cosa y no sólo en Él. Bien creo sentirán las de Sevilla allí soledad sin vuestra reverencia, mas por ventura había ya vuestra reverencia aprovechado allí lo que pudo y querrá Dios que aproveche ahí, porque esa fundación ha de ser principal. Y así, vuestra reverencia procure ayudar mucho a la madre priora, con gran conformidad y amor en todas las cosas, aunque bien veo no tengo que encargarle esto, pues, como tan antigua y experimentada, sabe ya lo que se suele pasar en esas fundaciones; y por eso escogimos a vuestra reverencia, porque para monjas, hartas había por acá, que no caben. A la hermana María de la Visitación dé vuestra reverencia un gran recado y a la hermana Juana de San Gabriel que le agradezco el suyo. Dé Dios a vuestra reverencia su espíritu.—*De Segovia y julio 8 de 1589.*—FRAY JUAN DE LA CRUZ.

Carta undécima

*A la madre María de Jesús, priora del convento
de Carmelitas Descalzas de Córdoba*

Jesús sea en su alma. Obligadas están a responder al Señor conforme el aplauso con que ahí las han recibido, que cierto me he consolado de ver la relación.

Y que hayan entrado en casas tan pobres y con tantos calores ha sido ordenación de Dios, porque hagan alguna edificación y den a entender lo que profesan, que es a Cristo desnudamente, para que las que se movieren sepan con qué espíritu han de venir. Ahí le envió todas las licencias, miren mucho lo que reciben al principio, porque conforme a eso será lo demás, y miren que conserven el espíritu de pobreza y desprecio de todo. Si no, sepan que caerán en mil necesidades espirituales y temporales, queriéndose contentar con sólo Dios, y sepan que no tendrán ni sentirán más necesidades que a las que quisieren sujetar el corazón, porque el pobre de espíritu en las menguas está más contento y alegre, porque ha puesto su todo en no nada y nada: y así halla en todo anchura. Dichosa nada y dichoso escondrijo de corazón, que tiene tanto valor que lo sujeta todo, no queriendo sujetar nada para sí y perdiendo cuidados para poder arder más en amor. A todas las hermanas, de mi parte, salud en el Señor. Dígales que, pues Nuestro Señor las ha tomado por primeras piedras, que miren cuáles deben ser, pues como en más fuertes han de fundar las otras, que se aprovechen de este primer espíritu que da Dios en estos principios para tomar muy de nuevo el camino de perfección en toda humildad y desasimiento de dentro y de fuera, no con ánimo aniñado, mas con voluntad robusta, según la mortificación y penitencia, queriendo que les cueste algo este Cristo y no siendo como las que buscan su acomodamiento y consuelo en Dios o fuera de Él, sino el padecer en Dios o fuera de Él por el silencio y esperanza y amorosa memoria. Diga a Gabriela esto y a las hijas de Málaga, que a las demás escribo. Déle Dios su gracia. Amén.—*De Segovia y julio 28 de 1589.*— FRAY JUAN DE LA CRUZ.

Carta duodécima

A la madre Magdalena del Espíritu Santo, religiosa del mismo convento de Córdoba

Jesús sea en su alma, mi hija en Cristo. Holgado me he de ver sus buenas determinaciones, que muestra por su carta. Alabo a Dios, que provee en todas las cosas, porque bien las habrá menester en estos principios de fundaciones para calores, estrechuras, pobreza y trabajar en todo de manera que no se advierta si duele o no duele. Mire que en estos principios quiere Dios almas no haraganas ni delicadas, ni menos amigas de sí. Y para esto ayuda Su Majestad más en estos principios, de manera que con un poco de diligencia pueden ir adelante en toda virtud. Y ha sido grande dicha y signo de Dios dejar otras y traerla a ella. Y aunque más le costara lo que deja, no es nada, que eso presto se había de dejar, así como así; y para tener a Dios en todo, conviene no tener en todo nada, porque el corazón que es de uno, ¿cómo puede ser todo de otro? A la hermana Juana, que digo lo mismo y que me encomiende a Dios, el cual sea en su alma. Amén.—*De Segovia y julio 28 de 1589.*—FRAY JUAN DE LA CRUZ.

Carta décimotercera

Para una señora de Granada llamada doña Juana
de Pedraza

Jesús sea en su alma. Y gracias a Él, que me le ha dado para que (como ella dice) no me olvide de los pobres y no coma a la sombra (como ella dice), que harta pena me da pensar si como lo dice lo cree. Harto malo sería, a cabo de tantas muestras, aun cuando menos lo merecía. No me falta ahora más sino olvidarla, mire cómo puede ser lo que está en el alma, como ella está. Como ella anda en esas tinieblas y vacíos de pobreza espiritual, piensa que todos le faltan y todas, mas no es maravilla, pues en eso también le parece le falta Dios. Mas no le falta nada ni tiene ninguna necesidad de tratar nada ni tiene qué, ni lo sabe ni lo hallará, que todo es sospecha sin causa. Quien no quiere otra cosa sino a Dios, no anda en tinieblas, aunque más oscuro y pobre se vea, y quien no anda en presunciones y gustos propios ni de Dios ni de las creaturas, ni hace voluntad propia en eso ni en esotro, no tiene en qué tropezar ni en qué tratar. Buena va: Déjese y huélguese. ¿Quién es ella para tener cuidado de sí? ¡Buena se pararía! Nunca mejor estuvo que ahora, porque nunca estuvo tan humilde ni tan sujeta, ni teniéndose en tan poco ni a todas las cosas del mundo, ni se conocía por tan mala ni a Dios por tan bueno, ni le servía a Dios tan pura y desinteresadamente como ahora, ni se va tras las imperfecciones de su voluntad o interés

como quizá solía. ¿Qué quiere? ¿Qué vida o modo de
proceder se pinta ella en esta vida? ¿Qué piensa que
es servir a Dios sino no hacer males, guardando sus
mandamientos, y andar en sus cosas como pudiéramos?
Como esto halla, ¿qué necesidad hay de otras aprehensiones ni otras luces ni jugos de acá o de allá, en que
ordinariamente nunca faltan tropiezos y peligros al
alma, que con sus entenderes y apetitos se engaña y
se embelesa y sus mismas potencias le hacen errar?
Y así, es gran merced de Dios cuando la oscurece y
empobrece al alma, de manera que no pueda errar con
ellas. Y como esto no se yerre, ¿qué hay que acertar
sino ir por el camino llano de la ley de Dios y de la
Iglesia y sólo vivir en fe oscura y verdadera y esperanza cierta y caridad entera y esperar allí nuestros
bienes, viviendo acá como peregrinos, pobres, deste-
rrados, huérfanos, secos, sin camino y sin nada, espe-
rándolo allá todo? Alégrese y fíese de Dios, que
muestras le tiene dadas que puede muy bien y aun lo
debe hacer. Y si no, no será mucho que se enoje vién-
dola andar tan boba, llevándola Él por donde más le
conviene, habiéndole puesto en puerto tan seguro, no
quiera nada sino ese modo y allane el alma, que buena
está, y comulgue como suele, el confesar, cuando tuviere cosa clara y no tiene que tratar, cuando sintiere
algo, a mí me lo escriba, y escríbame presto y más veces, que por vía de doña Ana podrá, cuando no pudiere
con las monjas. Algo malo he estado, ya estoy bueno,
mas fray Juan Evangelista está malo: encomiéndelo a
Dios. Y a mí, hija mía en el Señor.—De Segovia y oc-
tubre 12 de 1589.—FRAY JUAN DE LA CRUZ.

Carta décimocuarta

A la madre de Jesús, priora de Córdoba

Jesús sea en su alma. Mi hija en Cristo: la causa de
no haber escrito en todo ese tiempo que dice, más es
haber estado tan trasmano, como es Segovia, que poca
voluntad, porque ésta siempre es una misma y espero
en Dios lo será. De sus males me he compadecido, de
lo temporal de esa casa no querría que tuviese tanto
cuidado, porque se irá Dios olvidando de ella y ven-
drán a tener mucha necesidad temporal y espiritual-
mente, porque nuestra solicitud es la que nos necesita.
Arroje, hija, en Dios su cuidado y Él la criará, que el
que da y quiere dar lo más, no puede faltar en lo menos, cate que no la falte el deseo de que la falte y ser
pobre, porque en esa misma hora le faltará el espíritu
e irá aflojando en las virtudes. Y si antes deseaba ser
pobre, ahora, que es prelada, lo ha de ser y amar mucho más. Porque la casa más la ha de gobernar y pro-
veer con virtudes y deseos del cielo que con cuidados
y tramas de lo temporal y de la tierra, pues nos dice
el Señor que ni de comida ni de vestido ni del día de
mañana nos acordemos. Lo que ha de hacer es procurar traer su alma y las de sus monjas en toda perfección y religión, unidas con Dios y alegres con sólo Él,
que yo le aseguro todo lo demás. Que pensar que ahora
ya las casas le darán algo, estando en tan buen lugar
como ése y recibiendo tan buenas monjas, téngolo por
dificultoso, aun si hubiere algún portillo por donde no

dejaré de hacer lo que pudiere. A la madre subpriora deseo mucho consuelo y espero en el Señor se le dará, animándose ella a llevar su peregrinación y destierro en amor por Él, ahí la escribo. A las hijas Magdalena de San Gabriel y María de San Pablo, María de la Visitación y San Francisco muchas saludes en nuestro bien, el cual sea siempre en su espíritu, mi hija. Amén.—*De Madrid, junio 20 de 1590.*—FRAY JUAN DE LA CRUZ.

Carta décimoquinta

A la madre Ana de Jesús, religiosa carmelita descalza del convento de Segovia

Jesús sea en su alma. El haberme escrito le agradezco mucho y me obliga a mucho más de lo que yo me estaba. De no haber sucedido las cosas como ella deseaba, antes debe consolarse y dar muchas gracias a Dios, pues habiéndolo Su Majestad ordenado así, es lo que a todos más nos conviene. Sólo resta aplicar a ello la voluntad para que, así como es verdad, nos lo parezca. Porque las cosas que no dan gusto, por buenas y convenientes que sean, parecen malas y adversas. Y ésta vese bien que no lo es ni para mí ni para ninguno, pues en cuanto para mí es muy próspera, porque con la libertad y descargo de almas puedo, si quiero (mediante el divino favor), gozar de la paz, de la soledad y del fruto deleitable del olvido de sí y de todas las cosas. Y a los demás también les está bien tenerme aparte, pues así estarán libres de las faltas que habían de hacer a cuenta de mi miseria. Lo que la ruego, hija, es que ruegue al Señor que de todas maneras me lleve esta merced adelante, porque todavía temo si me han de hacer ir a Segovia y no dejarme tan libre del todo. Aunque yo haré por librarme cuanto pudiere también de esto; mas, si no puede ser, tampoco se habrá librado la madre Ana de Jesús de mis manos, como ella piensa. Y así, no se morirá con esta lástima de que se acabó la ocasión, a su parecer, de ser muy santa. Pero, ahora sea yendo, ahora quedando, doquiera y como quiera que sea, no la olvidaré ni quitaré de la cuenta que dice, porque con veras deseo su bien para siempre. Ahora, en tanto que Dios nos le da en el cielo, entreténgase ejercitando las virtudes de mortificación y paciencia, deseando hacerse en el padecer algo semejante a este gran Dios Nuestro, humillado y crucificado, pues que esta vida, si no es para imitarle, no es buena. Su Majestad la conserve y aumente en su amor, amén, como a santa amada suya. — *De Madrid, julio 6 de 1591.* — Fray Juan de la Cruz.

Carta décimosexta

A la madre María de la Encarnación, priora del mismo convento de Segovia

Jesús sea en su alma. De lo que a mí toca, hija, no le dé pena, que ninguna a mí me da. De lo que la tengo muy grande es de que se echa culpa a quien no la tiene, porque estas cosas no las hacen los hombres, sino Dios, que sabe lo que nos conviene y las ordena para nuestro bien. No piense otra cosa, sino que todo lo ordena Dios, y a donde no hay amor ponga amor y sacará amor. Su Majestad la conserve y aumente en su amor. Amén.—*De Madrid y julio 6 de 1591.*—FRAY JUAN DE LA CRUZ.

Carta décimoséptima

A doña Ana de Peñaloza

Jesús sea en su alma, hija. Yo recibí aquí en la Peñuela el pliego de cartas que me trajo el criado, tengo en mucho el cuidado que ha tenido. Mañana me voy a Úbeda a curar unas calenturillas que, como ha más de ocho días que me dan cada día, paréceme habré menester ayuda de medicina, pero con deseo de volverme luego aquí, que cierto en esta santa soledad, me hallo muy bien. Y así, de lo que me dice que me guarde de andar con el padre fray Antonio, esté segura que de eso y de todo lo demás que pidiere cuidado me guardaré. He holgado mucho que el señor don Luis sea ya sacerdote del Señor. Ello sea por muchos años y Su Majestad le cumpla los deseos de su alma. ¡Oh qué buen estado era ése para dejar ya cuidados y enriquecer apriesa el alma con él! Déle el parabién de mi parte, que no me atrevo a pedirle que algún día, cuando esté en el sacrificio, se acuerde de mí. Que yo, como el deudor, lo haré siempre, por cuanto, aunque yo sea desacordado, por ser él tan conjunto a su hermana, a quien yo siempre tengo en mi memoria, no me podré dejar de acordar de él. A mi hija doña Inés dé mis muchas saludes en el Señor, y entrambas le rueguen sea servido de disponerme para llevarme consigo. Aho-

ra no me acuerdo más qué escribir, y por amor de la
calentura también lo dejo, que bien me quisiera alar-
gar.—*De la Peñuela y septiembre 21 de 1591.*—Fray
Juan de la Cruz.

CENSURA Y PARECER QUE DIÓ EL BEATO PADRE SOBRE EL ESPÍRITU Y MODO DE PROCEDER EN LA ORACIÓN DE UNA RELIGIOSA DE SU ORDEN

En este modo afectivo que lleva esta alma, parece
que hay cinco defectos para juzgarle por verdadero espíritu. Lo primero, que parece lleva en él mucha golo-
sina de propiedad, y el espíritu verdadero lleva siempre gran desnudez en el apetito. Lo segundo, que tiene
demasiada seguridad y poco recelo de errar interiormente sin el cual nunca anda el espíritu de Dios para
guardar al alma del mal, como dice el Sabio. Lo tercero,
parece que tiene gana de persuadir que crean que esto
que tiene es bueno y mucho, lo cual no tiene el verdadero espíritu, sino, por el contrario, gana que lo tengan
en poco y se lo desprecien, y él mismo lo hace. Lo cuarto
y principal, que en este modo que llevan no parecen
efectos de humildad, los cuales cuando las mercedes
son, como ella aquí dice, verdaderas, nunca se comuni-
can de ordinario al alma sin deshacerla y aniquilarla
primero en abatimiento interior de humildad. Y si este
efecto le hicieran, no dejara ella de escribir aquí algo
y aun mucho de ello, porque lo primero que ocurre al
alma, para decirlo y estimarlo, son efectos de humildad
que cierto son de tanta operación que no los puedo

disimular, que aunque no en todas las aprehensiones
de Dios acaezcan tan notables, pero éstas que ella aquí
llama unión nunca andan sin ellos: "Quoniam ante-
quam exaltetur anima humiliatur, et bonum mihi quia
humiliasti me." Lo quinto, que el estilo y lenguaje que
aquí lleva no parece del espíritu que ella aquí significa,
porque el mismo espíritu enseña estilo más sencillo y
sin afectaciones ni encarecimientos, como éste lleva, y
todo esto que dice dijo ella a Dios y Dios a ella, parece
disparate. Lo que yo diría es que no le manden ni dejen
escribir nada de esto ni le dé muestra el confesor de
oírselo de buena gana, sino para desestimarlo y des-
hacerlo, y pruébenla en el ejercicio de las virtudes a
secas, mayormente en el desprecio, humildad y obediencia, y en el sonido del toque saldrá la blandura del
alma en que han causado tantas mercedes. Y las prue-
bas han de ser buenas, porque no hay demonio que por
su honra no sufra algo.